BITTE NICHT ÖFFNEN

ROSTIG!

BITTE NICHT ÖFFNEN

Band 1: Bissig!

Band 2: Schleimig!

Band 3: Durstig!

Band 4: Feurig!

Band 5: Magic!

Band 6: Rostig!

Weitere Päckchen sind unterwegs!

Charlotte Habersack

Bitte nicht öffnen

Rostig!

Mit Bildern von Fréderic Bertrand

CARLSEN

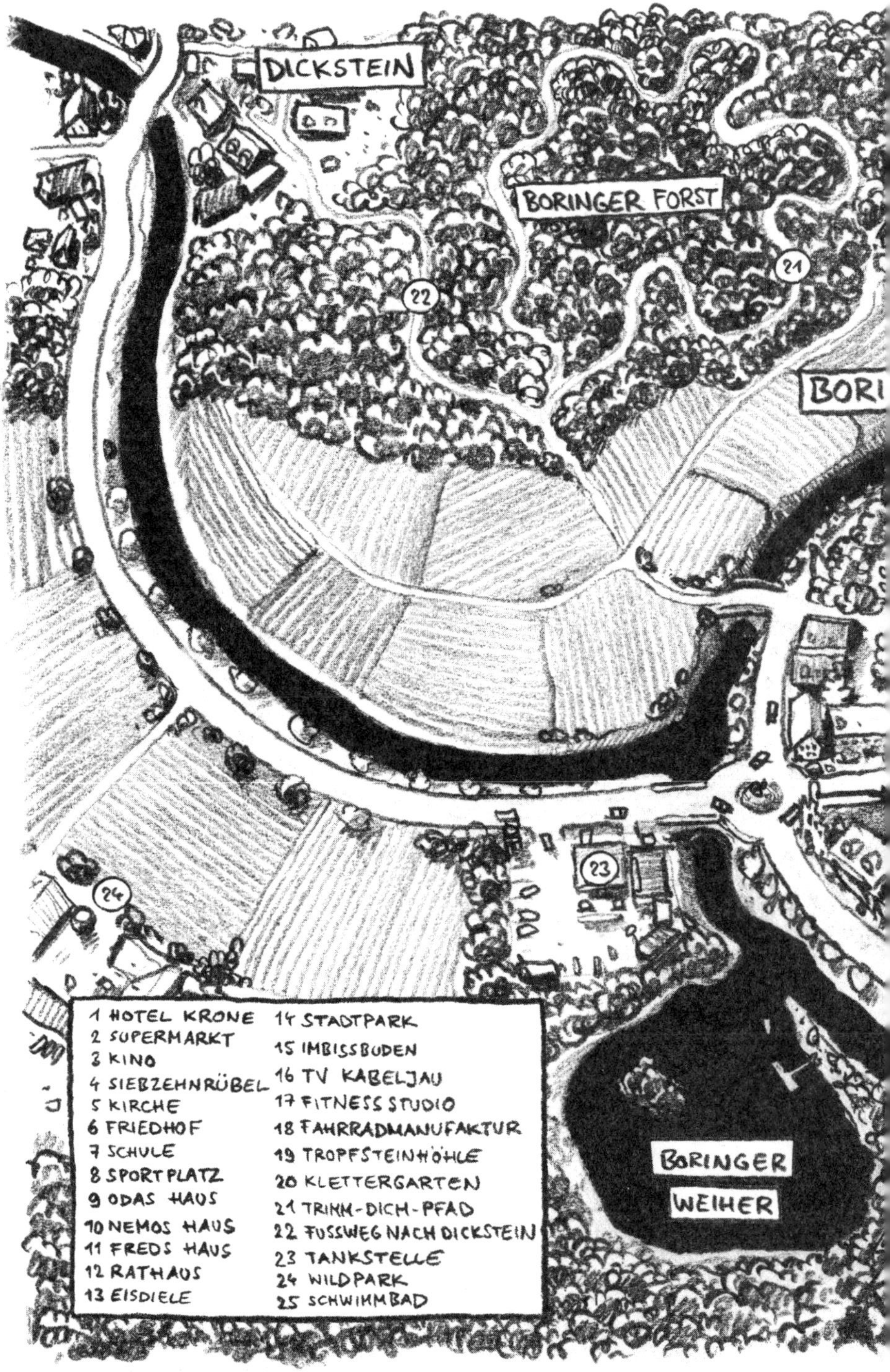
DICKSTEIN
BORINGER FORST
BORI
22
21
23
24
BORINGER
WEIHER
1 HOTEL KRONE
2 SUPERMARKT
3 KINO
4 SIEBZEHNRÜBEL
5 KIRCHE
6 FRIEDHOF
7 SCHULE
8 SPORTPLATZ
9 ODAS HAUS
10 NEMOS HAUS
11 FREDS HAUS
12 RATHAUS
13 EISDIELE
14 STADTPARK
15 IMBISSBUDEN
16 TV KABELJAU
17 FITNESSSTUDIO
18 FAHRRADMANUFAKTUR
19 TROPFSTEINHÖHLE
20 KLETTERGARTEN
21 TRIMM-DICH-PFAD
22 FUSSWEG NACH DICKSTEIN
23 TANKSTELLE
24 WILDPARK
25 SCHWIMMBAD

BURGRUINE
1
2
3
4
5
8
9
10
11
12
13
14
15
16
17
18
19

Inhalt

und los!

Ein Tag bevor alles begann …

Der Dietrich stocherte so lange im Schloss, bis es endlich aufsprang. Ein schwarzer Handschuh drückte die rote Ladentür auf. Behutsam, sodass die obere Kante die kleine Glocke beiseiteschob, ohne ein Geräusch zu verursachen. Erst beim Zurückfallen machte das Glöckchen ein leises PLING!

Der Eindringling lauschte. Als nichts passierte, knipste er seine Taschenlampe an und ließ ihren Lichtkegel über die hohen Regale wandern. Der Strahl streifte die alte Registrierkasse, wies dem Dieb den Weg zum Hinterzimmer und blieb an einer Vitrine hängen. Rote Augen blitzten ihm entgegen.

Das Herz des Diebes schlug etwas schneller. Da waren sie!

Gut zwanzig Figuren aus Blech – aufgereiht wie die Armee eines fernen Planeten.

Aufgeregt setzte der Dieb den Saugnapf an und schnitt ein faustgroßes Loch in die Scheibe. Vorsichtig schob er seine Hand hindurch und schloss die Finger um eines der elektronischen Spielzeuge. Er musste nicht lange überlegen, welches er nehmen sollte. Eines war inniger geliebt worden als alle anderen – so hatte es im Boringer Boten gestanden und das verriet auch die Tafel an der Vitrine.

Der Dieb lachte, während er den kleinen Roboter in eine metallene Kiste packte. Gespannt fragte er sich, was wohl diesmal passieren würde. Mittlerweile hatte selbst *er* kapiert, dass das komische Wetter in Boring etwas mit den Spielsachen zu tun hatte, die er klaute und anschließend verschickte. Aber kein Grund, deshalb darauf zu verzichten! Dafür fühlte es sich zu gut an! Er schniefte. Eine schwarze Träne tropfte auf die blecherne Brust des Spielzeugs. Eilig schloss der Dieb den Kistendeckel und pinselte die Adresse darauf.

AN NIEMAND!
WO DER PFEFFER WÄCHST
AM ARSCH DER WELT

Gerade hatte er den letzten Buchstaben geschrieben, da hielt er erschrocken inne. Geräusche näherten sich. Ein Tapsen, ein Schlurfen, ein zufriedenes Schmatzen. Dem Dieb gefror das Blut in den Adern. Keine Frage: Herr Siebzehnrübel war im Anmarsch!

Eilig verstaute der Dieb die Kiste mitsamt dem Pinsel und sah sich nach einem Versteck für sich selbst um.

Nur wenige Sekunden später öffnete sich die Schiebetür und der Spielwarenhändler betrat den Laden.

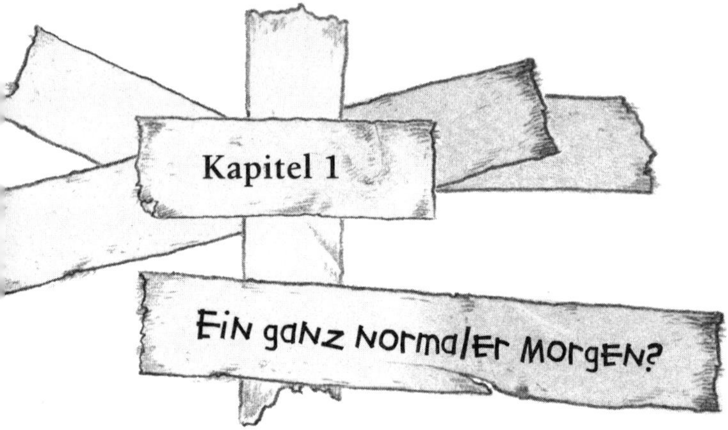

„Nun glaubt mir doch!“
Aufgeregt schaufelte Herr Pinkowski Joghurt in sein Müsli, während er seiner Frau und seinem Sohn erzählte, was er letzte Nacht erlebt hatte. Gegen zehn war er zum Joggen aufgebrochen und war gerade schnaufend die Marktgasse entlanggetrabt, als er plötzlich etwas Seltsames bemerkte. Eilig hatte er sich hinter den großen Mülltonnen neben dem Supermarkt versteckt und von dort aus beobachtet, wie sich vor dem Spielwarenladen ein riesenhafter Schatten aus der Dunkelheit schälte.

„Und du bist dir sicher, dass es ein Hase war?“ Misstrauisch rührte Frau Pinkowski in ihrem Ananas-Joghurt.
Nemo schob sich einen Löffel Stracciatella-Joghurt zwischen die Lippen und fragte: „Rosarot und zwei Meter groß?“
Herr Pinkowski nickte eifrig in der Hoffnung, dass die beiden ihm endlich glaubten. „Er hat einen Puppenwagen geschoben und irgendetwas Großes darin transportiert.“
Nemo und seine Mutter warfen sich einen skeptischen Blick zu. Es war nicht das erste Mal, dass Nemos Vater Quatsch redete. Beim heftigen Schneefall im Juni war ihm das Vordach vom Supermarkt auf den Kopf gefallen. Anschließend hatte er ihr Haus für ein Hotel gehalten und Nemo für den Portier. Eine Woche später, während des ekligen Schleimregens, hatte ihn ein Stromschlag erwischt und er hatte seine Frau mit einer Krankenschwester verwechselt. Schließlich hatte ihm die Drachenhitze während der Sommerferien

das Gehirn so aufgeweicht, dass er nur noch wirres Zeug gebrabbelt hatte.
„Bist du kurz vorher gestolpert und hingefallen?“, fragte Nemo so arglos wie möglich.
„Oder irgendwo gegen gelaufen?“ Frau Pinkowski stand auf und strich ihrem Mann liebevoll das Haar aus der Stirn. Dabei untersuchte sie seinen Kopf heimlich nach einer Beule.
„Nein!“ Empört verschränkte Herr Pinkowski die Arme. „Ihr haltet mich wohl für doof!“
„Nicht für doof“, widersprach seine Frau sanft. „Nur für tollpatschig.“
An der Haustür klingelte es.
Nemos Herz begann, vor Aufregung zu rasen. Vielleicht war es die Post? „Ich mach auf!“ Er sprang vom Stuhl, lief durch den kurzen Flur und riss die Tür auf.
„Ach“, sagte er enttäuscht.
„Wer isses denn?“, kam die Stimme seiner Mutter aus dem Wohnzimmer. Sie klang besorgt. „Hat Papa irgendwas kaputt gemacht?“

„Also Moni!“ Die Stimme von Nemos Vaters klang eher entrüstet.
„Entwarnung“, rief Nemo zurück. „Es ist nur Fred.“
„Nur?“ Fred grinste verschmitzt. „Wen hast du denn erwartet? Den Nikolaus?“
Nemo musterte seinen Freund. Trotz der frühen Uhrzeit war er wie immer akkurat gekleidet. Fred hatte Bügelfalten in den Hosen und trug ein T-Shirt mit einem Pailletten-Smiley, der im Gegensatz zu ihm die Mundwinkel hängen ließ.
„Hallo Fred“, riefen Nemos Eltern aus dem Wohnzimmer.
„Guten Tag, Frau Pinkowski! Guten Tag, Herr Pinkowski!“, grüßte Fred höflich zurück.
„Du bist früh dran“, knurrte Nemo und hob seinen Rucksack vom Boden. Er rief seinen Eltern einen kurzen Abschiedsgruß zu und schlurfte mit hängenden Schultern aus dem Haus.
Fred holte ihn ein. „Was ist denn mit dir los? Wo drückt der Schuh?“

„Welcher Schuh?“ Nemo stellte sich doof, obwohl er genau wusste, was Fred mit seiner altmodischen Ausdrucksweise meinte.
Fred versuchte es anders: „Na, was für eine Laus ist dir über die Leber gelaufen?“
„Ach, mir ist nur langweilig. Ich hatte gehofft, es würde endlich ein neues Paket ankommen. Ich hätte gerne wieder eine richtige Aufgabe!“
„Haben wir doch. Wir sollen bis Donnerstag zwanzig Englisch-Vokabeln auswendig lernen.“
„Meinst du das ernst?“ Nemo blieb stehen und sah seinen Freund prüfend an.
Aber Fred schien nicht zu Scherzen aufgelegt.
„Und im Mathebuch müssen wir die Aufgaben 13 a–d machen.“
„Solche Aufgaben meine ich nicht!“, rief Nemo. „Ich will Yetis füttern, auf Drachen reiten und Einhörner jagen. Action und Abenteuer, verstehst du? Jetzt sind schon vier Wochen rum und es ist noch immer kein neues Päckchen angekommen.“
„Zum Glück.“ Zufrieden strich Fred die Wende-

Pailletten seines T-Shirts nach oben. Der Smiley lächelte. Ein bisschen Normalität war Fred sehr recht. Es war Dienstagmorgen, das Wetter leicht herbstlich und sie waren auf dem Weg zur Schule. Wie ganz normale Kinder in einer ganz normalen Stadt. Ungewöhnlich war nur, dass sie mitten auf der Straße liefen. Und das Mädchen, das sich an der nächsten Straßenecke zu ihnen gesellte.

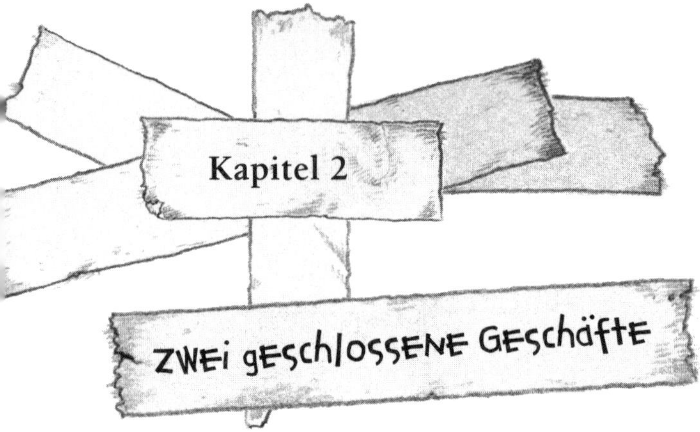

„¡Hola!“, grüßte Oda und schob ihren breitkrempigen Hut in den Nacken. Zu dem Sombrero trug sie einen quietschbunten Poncho.
Nemos Puls beschleunigte sich. Seine innere Stimme rief: „Oda! Wie schön, dich zu sehen. Du siehst ja toll aus!“ Aber sein Mund brummte nur: „Hi!“
Fred deutete auf Odas Strohhut. „Ein Geschenk deiner Eltern?“
Oda nickte. „Sie sind gerade von Dreharbeiten aus Mexiko zurückgekommen.“ Stirnrunzelnd wandte sie sich an Nemo: „Noch immer kein Päckchen?“

„Nope.“ Missmutig schlurfte Nemo neben ihr her.
„Moment mal!“ Oda blieb vor dem Postgebäude stehen. „Vielleicht haben die Päckchen was mit dem Briefträger zu tun?“
„Päckchen haben immer was mit dem Briefträger zu tun“, entgegnete Fred spitzfindig. „Er bringt sie.“
„Schon klar.“ Oda verdrehte die Augen. „Aber Nemo hat keins mehr bekommen, seit Franz Ach Bürgermeister ist.“ Sie senkte die Krempe ihres Sombreros und ihre Stimme: „Vielleicht ist er der geheimnisvolle …“
„Nee, glaub ich nicht.“ Nemo schüttelte den Kopf. „Franz Ach ist der Netteste überhaupt! Er macht nur coole Sachen.“
„Da ist Frau Ücke bestimmt anderer Meinung.“ Oda warf sich einen Zipfel ihres Ponchos über die Schulter und deutete auf die kleine Postangestellte, die mit zwei schweren Taschen beladen aus dem Gebäude trat. Seit ihr Kollege Franz Ach Bürger-

meister war, musste Frau Ücke die Post austragen. Und weil Franz Ach die Altstadt zur verkehrsfreien Zone erklärt hatte, durfte sie dazu noch nicht einmal ihr knatterndes Mofa benutzen.
Nemo trat auf die Postangestellte zu und erkundigte sich: „Haben Sie heute was für mich dabei?"
„Leider immer noch nicht." Frau Ücke schüttelte bedauernd den Kopf. Auf ihrer Nase saßen kleine Schweißperlen.
Als Fred den enttäuschten Gesichtsausdruck seines Freundes sah, strich er die Pailletten des T-Shirts wieder nach unten. Der Smiley weinte.
„Oh, Mann." Nemo wandte sich zum Gehen. „Boring ist so blöde wie öde! Nicht einmal eine Polizeiwache haben wir hier, weil in diesem Kaff einfach nie etwas Spannendes passiert."
„Weit gefehlt!", mischte sich plötzlich ein Mann in die Unterhaltung ein, der nicht weit von ihnen entfernt vor dem Boringer Friseurladen saß und an einer Staffelei ein Bild malte. „Ende der Woche

gibt es sogar etwas ganz Besonderes hier", sagte er stolz. „Nämlich meine Ausstellung im Spielwarenladen!"

Neugierig sahen ihm die Kinder über die Schulter.

Nemo stutzte. *Das* wollte er ausstellen?

Auf einer Leinwand war ein Porträt zu sehen, das mit viel Fantasie Hubsi Hubert ähnelte, dem Sportmoderator von TV Kabeljau.

Mit einem schwungvollen Pinselstrich verpasste ihm der Friseur noch eine lustige Tolle, dann verabschiedete er sich, betrat seinen Laden und hängte das „Kunstwerk" in sein Schaufenster. Dort hingen bereits mehrere Bilder von Boringer Prominenten, jeder mit einer anderen lustigen Frisur. Da gab es Herrn Kriegelstein mit rosafarbenem Irokesen, Franz Ach mit blonden Locken und Bella Blüte mit einem törtchenhaften Dutt auf dem Kopf.

Fred kicherte.

„Ich kann nicht glauben, dass er diese Bilder wirklich ausstellen will", sagte er, als sie weiter-

gingen. „Die sehen aus, als wären sie von einer Vierjährigen gemalt."
„Sag das nicht!", entgegnete Nemo. „Mein Nachbarsmädchen Marie hat mir neulich eine Zeichnung geschenkt, die sah definitiv besser aus."
„Guckt mal ..." Oda blieb vor einem Schaufenster stehen, hinter dessen staubiger Scheibe leere Regale gähnten. Vor der verrammelten Tür sammelte sich Laub. „Schon wieder ein Laden zu. Erst hat der Buchladen dichtgemacht, dann der Bäcker und jetzt auch noch das Sportgeschäft."
„Ich sag's ja", brummte Nemo grimmig. „Dieses Kaff stirbt."
„Apropos Kaff ...", versuchte Fred seine Freunde zu trösten, „immerhin gibt es noch ein Café."
„Ich trinke keinen Kaffee", knurrte Nemo.
Fred dachte kurz nach. „Und ein Kino."
„Das seit vier Wochen Bobbi Schimmers neuen Schmachtfetzen spielt!", höhnte Oda.
„Vergesst den Supermarkt nicht!", erinnerte Fred.

Nemo schnaubte. „Den betreiben meine eigenen Eltern, schon vergessen? Das heißt, sie arbeiten den ganzen Tag und bringen mir abends abgelaufenen Joghurt mit. Ganz toll!"
„Aber der Spielzeugladen ist doch wenigstens dufte!" Fred gab nicht auf.
„Spielzeug interessiert mich nur, wenn es lebendig wird." Nemo warf einen Blick zur roten Eingangstür von Herrn Siebzehnrübels Laden. Er dachte an seinen Vater und den großen Hasen, den der angeblich dort gesehen hatte. „Stellt euch vor", fing er an, „mein Vater geht neuerdings joggen. Aber nur wenn es dunkel ist, damit ihn niemand sieht. Und gestern Abend ..." Nemo biss sich auf die Zunge. Vielleicht war es besser, die Geschichte für sich zu behalten. Nicht, dass die anderen seinen Vater noch auslachten!
„Hihi." Fred lachte trotzdem. „Dein Vater macht neuerdings Sport?", fragte er, ohne darauf zu achten, dass Nemo mitten im Satz abgebrochen hatte.

Nemo nickte. „Er will am Samstag unbedingt eine gute Figur machen.“
„Was ist denn am Samstag?“
Oda antwortete für Nemo: „Da sind die Pinkowskis bei meinen Eltern zum Essen eingeladen.“
„Du hast sturmfrei?“ Fred sah Nemo mit leuchtenden Augen an. „Sag das doch gleich! Dann lasst uns einen Filmabend machen! Ich bringe Nofties mit und wir vertilgen die abgelaufenen Joghurts. Das wird …“
„Tippitoppi!“, kam Oda ihm zuvor.
Während sie mit Fred vorausging, um sich mit ihm über einen geeigneten Film zu unterhalten, fiel Nemo etwas zurück. Nachdenklich sah er noch einmal zum Spielwarenladen. Komisch, wieso war der denn noch zu? Herr Siebzehnrübel machte doch sonst immer als Erster auf.

Herr Siebzehnrübel grübelt

Herr Siebzehnrübel hatte einen furchtbaren Brummschädel. Benommen setzte er sich auf und versuchte, sich zu orientieren. Komisch. Er saß auf einer fleckigen Matratze, die jemand auf ein Feldbett geworfen hatte. Die Wände des Raums bestanden aus ungehobelten Brettern. Durch die Ritzen rieselte Sonnenlicht und stand staubig im Raum. Das war definitiv nicht sein Schlafzimmer!
„Wo bin ich?“ Herr Siebzehnrübel rieb sich den Kopf.
War er etwa entführt worden?
Der Spielwarenhändler schmunzelte. Dann musste es sich aber um einen fürsorglichen Entführer handeln! Denn auf dem Boden neben dem Bett

entdeckte er ein Tablett. Darauf stand eine Schale mit etwas Gebäck. Daneben eine Kanne Tee und ein Kännchen mit Milch. Sogar an Zuckerwürfel und eine kleine Vase mit Blumen hatte der Entführer gedacht!
Nein. Herr Siebzehnrübel schüttelte den Kopf. Er ahnte, was hier passiert war!
Er hatte zu Hause zu Abend gegessen und dabei das vermaledeite Puzzle zu Ende gemacht. So viele blaue Teile! Nur Himmel und Wasser und Delfine. Darüber musste er eingeschlafen sein.
Ja, Herr Siebzehnrübel war sich jetzt sicher:
Er war noch gar nicht aufgewacht.
Er träumte!

Kapitel 3

Bücherwürmer und Hobbydetektive

„Ihr Lieben!“

Kaum hatten Nemo, Oda und Fred die Schule betreten, lief eine stattliche Frau auf sie zu.

Nemo kicherte. In ihrem wallenden Kleid sah Frau Dr. Spargel aus wie eine etwas pummelige Riesen-Fledermaus.

Die Direktorin blieb vor ihnen stehen und hob beide Daumen. „Dickes Lob! Ich habe von Herrn Ölmez erfahren, dass ihr die ‚Boringer Bücherwürmer‘ gegründet habt. Ich stelle euch dafür einen Raum im Keller zur Verfügung. Und einen Berg gespendeter Bücher. Gleich nach dem

Unterricht dürft ihr sie einräumen. Was sagt ihr dazu?“ In freudiger Erwartung zog sie ihre angemalten Augenbrauen nach oben.

„Hur-ra ...“, jubelte Nemo lahm.

Sobald Frau Dr. Spargel wieder abgedackelt war, warf er Oda einen vorwurfsvollen Blick zu.

Oda lächelte entschuldigend. Die „Boringer Bücherwürmer“ waren ihre Idee gewesen. Eine Ausrede, um dem damaligen Bürgermeister und Hubsi Hubert zu erklären, warum ihr Koffer so schwer war. Sie hatte ja schlecht sagen können, dass sie statt Büchern ein Vampirmädchen mit sich herumschleppte. Natürlich hatte sie nicht *wirklich* vorgehabt, einen Buchclub zu gründen.

Einzig Fred schien guter Dinge. Aufmunternd knuffte er seinen Freund in die Seite. „Da hast du sie!“, rief er erfreut.

„Was?“ Nemo sah ihn erstaunt an.

„Na, die Aufgabe, die du dir gewünscht hast!“

Nemo grunzte. Besonders glücklich hörte sich das nicht an. Im Gegenteil! Seine Laune war nun endgültig da, wo der neue Raum für ihren „Buchclub“ sein sollte: im Keller.

Auch am Nachmittag besserte sich Nemos Laune kein bisschen. Über zwanzig Kartons schleppten sie von Frau Dr. Spargels Lasten-Fahrrad in den Keller und dort einen düsteren Flur entlang, vorbei an der Stinke-Kiste mit den verloren gegangenen Turnsachen und dem abgesperrten Schrank, in dem Frau Dr. Spargel die unterrichtsfernen Gegenstände aufbewahrte, die sie den Schülerinnen und Schülern übers Jahr hinweg abnahm. Dahinter lag der fensterlose Raum, den die Direktorin den „Boringer Bücherwürmern“ zur Verfügung gestellt hatte.

„Uff!“ Oda stellte den letzten Karton ab und setzte sich darauf. Sie fischte ein Buch aus dem Karton vor ihr und blätterte darin herum. „*Handbuch für Hobbydetektive*. Vielleicht hilft uns das ja, den Spielzeugdieb zu überführen.“

„Wohl kaum!“ Nemo lachte überheblich. „Das ist

doch für Kinder. Da lernt man höchstens, Dosentelefone zu basteln oder mit Zaubertinte zu schreiben."

Abgesehen davon, dass Nemo wenig von dem Buch hielt, hatte er kein Interesse daran, den Spielzeugdieb zu überführen. Lieber bekam er weiter Päckchen! Er pustete den Staub von einem Regal und sortierte die Bilderbücher ein.

Fred hustete. Eilig kramte er ein Fläschchen Globuli aus der Hosentasche und warf sich ein paar Kügelchen gegen seine Hausstauballergie in den Mund. „Glaubst du wirklich, dass Franz Ach etwas mit den Diebstählen zu hat?", fragte er Oda stirnrunzelnd.

„Na ja." Oda überlegte. „Franz Ach hat nach dem ersten Päckchen von einem anonymen Anrufer berichtet, der wissen wollte, wo die Sendung gelandet ist. Und einmal ist er angeblich verfolgt worden. Es könnte aber auch sein, dass er sich das alles nur ausgedacht hat, um von sich selbst abzulenken."

„Aber er ist doch beim Öffnen des dritten Pakets verletzt worden“, sagte Nemo. „Unwahrscheinlich, dass er so weit gehen würde, sich selbst etwas anzutun.“

„Dann müssen wir eben herausfinden, wer es sonst gewesen sein könnte.“ Oda sah wieder ins Buch. „Hier steht, dass man alle Informationen *akribisch* aufschreiben soll.“ Verwirrt sah sie die Jungs an. „Was soll das heißen? Dass man eine Geheimschrift benutzen soll?“

„Nein.“ Fred schüttelte lachend den Kopf. „*Akribisch* heißt *sorgfältig.*“

„Ach so.“ Oda legte das Buch beiseite und rollte eine alte Schultafel aus dem Eck. Sie nahm einen Kreidestummel zur Hand und begann eifrig, alles zu notieren, was sie wussten.

„Im ersten Päckchen steckte *Icy Ice-Monsta*“, murmelte sie. „Der Plüsch-Yeti gehörte *Leon*, dem Sohn vom Zahnarzt. Gekauft hat ihn aber *Johannes Huflattich*, der wiederum der Onkel von *Frau Fasching* war.“

Hektisch verband Oda alle Namen mit Pfeilen und Strichen. Darüber malte sie eine Schneeflocke. Denn kaum hatten sie den Yeti aus der Kiste gelassen, hatte es angefangen zu schneien. Neben die Schneeflocke zeichnete sie einen knolligen Umriss.

„Was soll das denn sein?“, fragte Nemo. „Eine Kartoffel?“

„Nein, das ist *Schleimi*“, erklärte Oda beleidigt. „Er war im zweiten Paket und gehörte *Jonathan*, einem Erstklässler. Es fing an zu regnen und Schleimis Schlabber hat sich als Wunderheilmittel herausgestellt.“ Sie zeichnete ein paar Regentropfen und ein Glas Universalschleim an die Tafel.

„Weshalb *Herr Kriegelstein* ihn entführt hat“, ergänzte Fred. Er stieg auf einen Stuhl und schob ächzend alle Pippa-Pepperkorn-Bände auf einmal in ein Regal.

Oda nickte grimmig. Sie war immer noch sauer auf den gemeinen Besitzer der Boringer

Fahrradmanufaktur, der sich damals so schäbig verhalten hatte.
„Das dritte Päckchen haben wir zur Post zurückgebracht“, fuhr sie fort. „Aber *Franz Ach* hat es eigenmächtig geöffnet. Heraus sprang eine Vampirpuppe und ganz Boring versank in Dunkelheit.“ Sie skizzierte ein etwas schräges Strichmädchen mit spitzen Eckzähnen an die Tafel.
„He!“ Fred sprang wieder vom Stuhl. „Vampiranja war viel hübscher!“
„Och!“ Nemo schenkte ihm einen mitleidigen Blick. Fred hatte sich wohl ein wenig in das düstere Vampirmädchen verliebt.
Eilig lenkte Fred ab: „Auf der Suche nach Vampiranjas Besitzerin haben wir Plakate aufgehängt, aber *Herr Ölmez*, der damals noch Bürgermeister war, hat sie von den Laternen gerissen.“
„Was ihn zunächst verdächtig machte“, bestätigte Nemo nachdenklich. „Aber wahrscheinlich wollte

E. KÄSTNER
HARRY POTTER
LEXIKON
SCHNEE
REGEN
MONSTA"
"SCHLEIMI"
J. HUFLATTICH
WUNDERMITTEL
ALOHA

er einfach nur keine ungenehmigten Plakate in der Stadt."

Oda nickte abwesend. „Trotzdem haben wir herausgefunden, wem Vampiranja gehört. Nämlich *Shari*, einem Mädchen aus *Dickstein*."

Sie schrieb alle Namen an die Tafel. Anschließend zeichnete sie ein paar Flammen. „Im vierten Päckchen war *Maries* Plüsch-Drache und es wurde knallheiß. Außerdem machte *Dragas* Speichel vergesslich."

„Jetzt, wo du es sagst ..." Nemo stellte sich neben sie und betrachtete ihre Notizen. „Drei von fünf Spielzeugen hatten eine magische Fähigkeit. Oder haben wir bei Icy und Vampiranja was übersehen?"

„Stimmt." Oda sah Nemo überrascht an. Als sich ihre Blicke trafen, spürte Nemo, wie er rot wurde. Eilig sah er rüber zu Fred, der diesmal *ihn* mit einem mitleidigen Grinsen bedachte. „Och!" Nemo schnappte sich ein Stück Kreide und zeichnete ein Einhorn an die Tafel. Oda kritzelte

Namen und Pfeile dazu wie eine verrückte Wissenschaftlerin. „*Magic* konnte Gegenstände herbeizaubern“, rief sie. „Er gehörte *Tessa* und die ganze Stadt fing an, nach Erdbeere zu stinken.“

Fred stellte sich zu ihnen und zog seine alte Zahnspangenschachtel aus der Hosentasche. Darin bewahrte er ein schimmerndes Einhorn-Haar auf, das Magic ihm geschenkt hatte. Zwar war es nicht magisch, aber immerhin eine hübsche Erinnerung.

„Magic ist übrigens der Einzige, der den Spielzeugdieb jemals gesehen hat“, erinnerte er.

Nemo seufzte: „Nur leider hat er nie verraten, wer es ist.“

„Außer, dass es sich nicht um Frau Fasching handelt“, sagte Oda.

Zu dritt starrten sie eine Weile auf die vielen Namen und Pfeile an der Tafel und hatten das Gefühl, nicht viel schlauer zu sein als vorher.

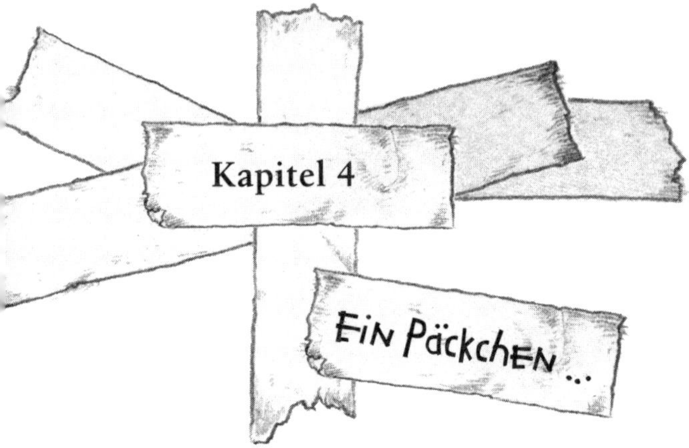

Müde schleppte sich Nemo nach Hause. Noch im Eingang ließ er seine Schultasche fallen und schlüpfte aus seinen Schuhen, ohne sie aufzubinden. Strumpfsockig lief er in die Küche und holte sich einen Nuss-Joghurt aus dem Kühlschrank, das seit zwei Wochen abgelaufen war. Er öffnete ihn, leckte den Deckel ab und ließ sich aufs Sofa fallen. Dabei verschwappte er die Hälfte.

„Mist!" Verärgert rubbelte Nemo den Joghurt ins Polster. Er legte die Füße auf den Couchtisch, machte den Fernseher an und zappte lustlos durch

die Programme. Leider machte seine Lieblingssendung Sommerpause. Hubsi Hubert war im Urlaub und so gab es keinen verrückten Wetterbericht.
Um kurz nach neun hörte Nemo endlich den Schlüssel im Schloss. Seine Eltern betraten das Haus und stolperten über seinen Schulranzen.
„Hallo, mein Schatz!“ Nemos Mutter flatterte ins Wohnzimmer. Sie schob eine neue Palette abgelaufener Joghurts auf die Küchentheke, wuschelte Nemo durchs Haar und drückte ihm einen Kuss auf die Stirn. Sie goss eine Topfpflanze, ging die Post durch und hörte gleichzeitig den Anrufbeantworter ab. „Super!“, jubelte sie ihrem Mann entgegen, der sich inzwischen die Schuhe ausgezogen hatte. „Ich hab für Samstag noch einen Friseurtermin bekommen. Hoffentlich kann Herr Fekt aus meinen dünnen Zotteln was zaubern.“
„Ich finde deine Haare jetzt schon schön.“ Nemos Vater kruschtelte sich eine Scheibe Knäckebrot aus dem Brotkorb und biss hinein.

„Du bist süß!“ Liebevoll strich Frau Pinkowski ihm einen Brösel vom Bauch. „Du gefällst mir auch so, wie du bist. Wegen mir brauchst du nicht abzunehmen.“
Herr Pinkowski sah an sich herunter. „Aber dann pass ich am Samstag nicht in die gestreifte Hose, die ich anziehen will.“
Nemo grinste seine Eltern mitfühlend an. Je näher die Einladung bei Odas Eltern rückte, umso aufgeregter waren sie. Seit drei Wochen schon überlegten die beiden, was sie anziehen, was sie mitbringen und über was sie mit den Mandelbrots reden sollten. Nemo konnte das gut verstehen. Schließlich ging es ihm mit Oda ganz ähnlich. Jedes Mal, wenn er ihr begegnete, rauschte ihm das Blut durch die Ohren wie Wasser durch eine Spülmaschine.
„Was ist denn *das*?“ Nemos Mutter bückte sich und zog einen Plastikbeutel unter Nemos Schulranzen hervor.
„Ein Päckchen?“ Nemo setzte sich kerzengerade

auf. Wie hatte er das nur übersehen können? „Ist das für mich?“ Seine Müdigkeit war auf einmal wie weggeblasen. Mit zwei Sätzen war er bei seiner Mutter und riss ihr den Beutel aus der Hand. Diesmal war das Päckchen ganz weich und flach. Aber auch wenn es vollkommen anders aussah als die bisherigen, war es sicher für ihn! Im Gegensatz zu vielen anderen Boringern bestellten seine Eltern fast nie im Internet.

Nemo drehte das Päckchen herum, um die Aufschrift zu lesen: ***An Herrn Pinkowski, Pfeffergasse 10 …*** Enttäuschung machte sich in ihm breit. Die Adresse stimmte. Und diesmal war sie auch nicht hingekritzelt, sondern aufgedruckt. Entweder kannte der Dieb mittlerweile seine richtige Adresse oder das Päckchen war …

„Ah, das ist sicher für mich.“ Nemos Vater nahm ihm den Beutel aus der Hand und riss ihn auf. „Na? Was sagt ihr dazu?“ Er hielt sich eine graue Jogginghose mit neongelben Rennstreifen vor den Körper.

„Sehr schick!“, lobte seine Frau.
Herr Pinkowski schmunzelte geschmeichelt.
„Dann zieh ich mich kurz um und geh noch mal auf Hasenjagd.“
Nemos Mutter runzelte besorgt die Stirn. „Ich glaub, ich lauf diesmal lieber mit. Was ist mit dir, Nemo?“ Auffordernd sah sie ihn an.
„Ich nicht“, antwortete Nemo und schleppte sich ins Bad. Er war auf einmal wieder müde. Sehr, sehr müde.

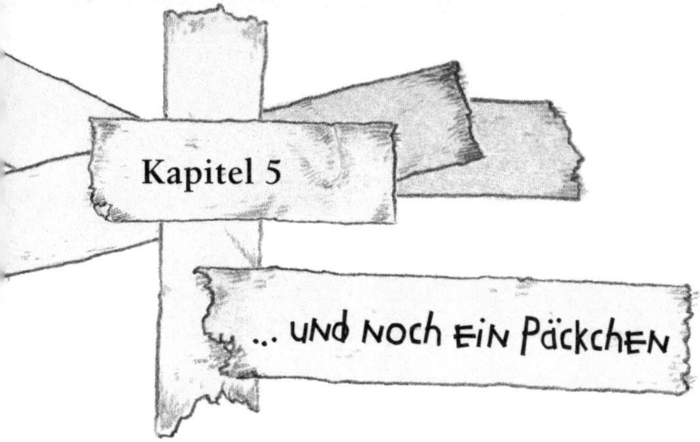

Kapitel 5

… und noch ein Päckchen

Der Mittwoch begann fast genauso wie der Dienstag. „Ich hab gestern beim Joggen schon wieder einen Hasen gesehen“, erzählte Herr Pinkowski am Frühstückstisch.
„Nicht dein Ernst?“ Nemo riss die Augen auf.
„Kann nicht sein.“ Frau Pinkowskis Löffel mit dem Kirsch-Joghurt blieb auf halbem Weg zu ihrem Mund stehen. „Ich war doch dabei.“
„Eben.“ Herr Pinkowski schmunzelte. „Das Häschen ist vor mir hergejoggt.“
„Ach so.“ Frau Pinkowski kicherte. Der Löffel verschwand in ihrem Mund.

In dem Moment klingelte es.
„Das ist sicher Fred!“ Wie am Vortag sprang Nemo vom Stuhl. Nur war seine Laune heute besser als gestern. Denn heute war Sportfest. Nemo freute sich schon darauf, zusammen mit Fred die Aschenbahn entlangzusprinten.
Er lief in den Flur und öffnete die Tür, um seinen Freund hereinzulassen. „Ach!“, sagte er überrascht.
„Nein, Ücke“, sagte Frau Ücke. „Franz Ach ist doch jetzt …“
„Ich weiß“, sagte Nemo. „Ich war nur …“
„Wer isses denn?“, rief seine Mutter aus dem Wohnzimmer.
„Der Postbote!“, rief Nemo zurück.
„Die Postbot-*in*!“, korrigierte Frau Ücke und blickte zu ihrer Posttasche, die sie hinter sich herzog wie einen Hund. „Ich hab ein total schweres Päckchen dabei. Ich wäre ja nie draufgekommen, für wen das ist, aber Franz meint, das ist für …“

„… mich!“, platzte Nemos heraus. Er stürzte sich auf die Tasche und zog eine schwere Metallkiste heraus. Aufgeregt überflog er die Anschrift:

AN NIEMAND!
WO DER PFEFFER WÄCHST
AM ARSCH DER WELT

„Yes!“, schrie Nemo laut auf. „Na endlich!“
„Was gibt’s denn?“, hörte er die Stimme von seinem Vater rufen.
„Ach nichts. Nur Werbung!“, rief Nemo zurück. Verlegen grinste er Frau Ücke an. „War’s das? Dann danke. Auf Wiedersehen.“ Eilig drückte er mit seinem Po die Tür ins Schloss.
Unschlüssig stand er eine Weile im Flur herum und überlegte, was er nun tun sollte. Am liebsten hätte er die Kiste sofort geöffnet, aber so neugierig er auch war, er musste zumindest warten, bis seine Eltern gegangen waren.

Kurz entschlossen versteckte er die Kiste unter der Heizung und stapelte ein paar Schuhe davor. Mit den Händen in den Hosentaschen schlenderte er ins Wohnzimmer zurück.

Während seine Eltern sich für die Arbeit fertig machten, löffelte er seinen Joghurt zu Ende und blätterte scheinbar gelangweilt in einer Angelzeitschrift – dabei wummerte sein Herz wie der Lautsprecher, wenn sein Vater Heavy Metal auflegte.

Kaum hatten seine Eltern das Haus verlassen, sprang Nemo vom Stuhl und riss die Terrassentür auf. Aufgeregt rannte er zurück in den Flur, holte die Kiste unter der Heizung hervor und schleppte sie nach draußen. Ächzend ließ er sie auf den Grill fallen und betrachtete sie eine Weile. Die Kiste war aus blauem Metall und an einigen Stellen ganz schön verrostet. BITTE NICHT ÖFFNEN stand in giftgelben Buchstaben quer über dem Deckel. Darunter: ROSTIG!

Im Wohnzimmer piepte der Kuckuck achtmal.

Nemo wurde unruhig. Fred konnte jeden Moment hier auftauchen! Und der war sicher dagegen, dass er die Kiste öffnete. *Das war so klar wie Kloßbrühe!*, um mit den Worten seines besten Freundes zu sprechen. Besser, er beeilte sich!
Hastig sauste Nemo wieder ins Haus, lief in sein Zimmer und kramte den Skihelm mit dem Visier aus dem Schrank. Er stülpte ihn sich über, peste zurück auf die Terrasse und schabte mit der Grillzange an der schwarzen Kruste herum, die wie bei jeder Kiste den Rand verklebte.
Erwartungsgemäß begann sie nach kurzer Zeit, Funken zu sprühen. Unbeeindruckt schob Nemo das Visier herunter. Er war vorbereitet!
Ein paar Sekunden später knallte es ordentlich. Beißender Qualm kroch unter den Helm. An Nemos Nasenspitze schoss ein Lichtblitz vorbei.
„Oh, Mist!" Entsetzt starrte er nach oben. Er hatte die Markise vergessen. Über ihm qualmte ein riesiges Loch.
„Was hat 'n da geknallt?"

Nemo sah zur Seite und stöhnte. Neben ihm stand Marie. Das Nachbarsmädchen bombardierte ihn sofort mit ihrem üblichen Fragenfeuerwerk: „Grillst du? Warum hast'n du 'n Skihelm auf? Krieg ich 'ne Wurst?“
„Ich ... äh ... nein. Ich reinige nur den Grill“, stammelte Nemo und versuchte, die Kleine abzuwimmeln.
In diesem Moment klingelte es.
Fred!
Nemo begann zu schwitzen. Die Sache lief langsam aus dem Ruder! Eilig zerrte er die Kiste vom Grill und schleppte sie zurück ins Haus.
Marie rief ihm hinterher: „Wenn du mir nichts abgibst, darfst du nicht mehr in meinem Sandkasten spielen.“
„Damit kann ich leben.“ Nemo wuchtete die Kiste auf den Esstisch, knallte die Terrassentür zu und ließ den Hebel hochschnalzen. Marie streckte ihm zum Abschied die Zunge heraus.
Es klingelte erneut. Diesmal länger.

Nemo nahm die Kiste wieder auf, stapfte mit ihr in den Flur und stopfte sie in seinen Turnbeutel. Er riss sich den Skihelm vom Kopf und pfefferte ihn in den Korb mit den Halstüchern. Bevor er die Tür öffnete, warf er einen prüfenden Blick in den Spiegel.

Nemo erschrak. Er sah aus, als hätte er eine Bombe entschärft. Seine Augen glänzten glasig, seine Wangen waren gerötet und voller Schmauchspuren. Hastig spuckte er sich auf die Finger und rubbelte die schwarzen Punkte aus seinem Gesicht.

Fred klingelte Sturm.

Nemo setzte ein Lächeln auf und öffnete die Tür.

„Hi."

„Na endlich!" Fred stemmte vorwurfsvoll die Arme in die Hüften. „Ich hab schon gedacht, du hast verpennt."

Nemo lachte affektiert. „Ha-ha, doch nicht, wenn Sportfest ist."

Ohne den Turnbeutel von der Kommode zu

nehmen, schlüpfte er in die Schlaufen. Mit einem Ruck hob er ihn hoch und stapfte breitbeinig nach draußen. Der Turnbeutel zerrte an seinen Schultern wie ein Sack Steine.

„Soll ich dir was sagen?" Aufgekratzt hüpfte Fred hinter Nemo her. „Eigentlich darf ich's nicht verraten, aber ich tu's trotzdem, weil wir beste Freunde sind. Und die erzählen sich alles."

Nemo bekam ein schlechtes Gewissen. „So? Was denn?" Schweiß sammelte sich auf seiner Stirn.

„Hubsi Hubert ist wieder da und sendet vom Sportfest! Das hat er meiner Mutter verraten, als er sich bei ihr im Geschäft eine Lesebrille gekauft hat." Fred grinste zufrieden. „Siehst du? Es gibt doch coole Sachen in Boring. Auch ohne neue Päckchen. Oh, Mann. Ich bin echt froh, dass keine mehr kommen. Das Leben ist doch jetzt viel angenehmer, findest du nicht?"

„Mhm." Ein Schweißtropfen rann Nemo die Schläfe hinab.

„Sag mal“, Fred sah ihn verdutzt an, „du schwitzt ja schon vor dem Sportfest. Wie soll das erst beim 800-Meter-Lauf werden? Und überhaupt, wieso ist dein Turnbeutel so schwer? Der hängt dir ja bis zu den Kniekehlen. Was ist denn da drin?“ Neugierig streckte er eine Hand aus.
Eilig drehte Nemo den Rücken zur Seite. „D... dreimal darfst du raten“, stotterte er, um Zeit zu gewinnen.
„Hanteln?“, riet Fred. „Ziegelsteine? Oder ... ein Puzzleteil!“
„Ein Puzzleteil?“, wiederholte Nemo verdattert. „Was ist das denn für eine blöde Idee?“
Fred bückte sich und hob etwas vom Boden auf. Erst jetzt kapierte Nemo, dass sein Freund nicht mehr vom Inhalt seines Turnbeutels gesprochen hatte. Er beugte sich über Freds Handteller und stutzte. Tatsächlich! Darauf lag das rote Eckstück eines Puzzles. Wo kam das denn her?
Nachdenklich sah Nemo rüber zum Spielwarenladen. Auch heute Morgen war die Tür noch fest

verschlossen. Dabei waren sie doch deutlich später dran als gestern!
Nemo hatte auf einmal ein flaues Gefühl im Magen. Und so viel war sicher: Es lag nicht an seinem schlechten Gewissen Fred gegenüber. Und auch nicht am abgelaufenen Orangen-Joghurt, den er beim Frühstück verdrückt hatte.

Nemos mulmiges Gefühl verschwand erst, als er Hubsi sah. Wie sehr hatte er den Wetterfrosch vermisst! Vier lange Wochen hatte sein sportlicher Wetterbericht Pause gemacht. Nun war er endlich wieder da und berichtete vom Sportfest. Wie cool war das denn?

„Hey-ho, liebe Zuschauer“, rief der durchtrainierte Moderator mit dem trapezförmigen Oberkörper in die Kamera. „Willkommen auf TV Kabeljau! Hubsi Hubert mein Name, sportlichster Wettermann westlich von Vietnam. Immer aktuell, immer mittendrin. Heute live vom Bordfest der

Sporinger Schule, äh, live vom Sportfest der Boringer Schule."
Hubsi bleckte die Zähne und knipste sein Lächeln an.
Nemo kicherte und ging zu einer Bank hinter der Aschenbahn. Er zog seine Trainingsjacke aus und stopfte sie zur Kiste im Turnbeutel. Bei der Gelegenheit überprüfte er den Sitz des Deckels. Zum Glück schien er zu halten, auch ohne Kruste. Beruhigt ließ Nemo den Beutel unter der Bank liegen und schlenderte zurück zu Fred, der sich bereits warm machte.
„Hoffentlich krieg ich dieses Jahr mal 'ne Urkunde." Fred ließ seinen rechten Arm kreisen wie einen Propeller. „Wenigstens 'ne Siegerurkunde wär nett." Er wechselte auf den linken Arm.
„Wo ist denn Oda?" Nemo hielt eine Hand über die Augen, um sie vor der Sonne abzuschirmen. Auch wenn sie Anfang Oktober nicht mehr viel Kraft hatte, blendete sie immer noch ordentlich.

„Keine Ahnung.“ Fred ging in den Ausfallschritt und wippte mit der Hüfte. „Vielleicht hat sie wieder irgendwas Neues an.“
Nemo ließ seinen Blick über den belebten Sportplatz schweifen. Lorenz und Liliane schleppten einen Sack Bälle für den Weitwurf über den Rasen. Noah und Kolja liefen durch den Sprinkler und spritzten sich gegenseitig nass. Samuel und Helene justierten die dicke Matte für den Hochsprung hinter der Latte. Frau Fasching gab das Kommando dazu. Nemo staunte. Die Biolehrerin hatte ihre blonden Haare zu fünf Zöpfen geflochten und sie wie die olympischen Ringe auf ihrem Hinterkopf drapiert. Frau Dr. Spargel stand mit einem Maßband an der Sprunggrube bereit. Die Direktorin trug einen altmodischen Trainingsanzug, über ihrem stattlichen Busen baumelte eine Trillerpfeife.
Nur Oda war nirgends zu sehen. Wo steckte sie nur?
Während Fred mit einem Fuß in der Hand seinen

Oberschenkel dehnte, drehte sich Nemo einmal um die eigene Achse. Er musste Oda unbedingt die Kiste zeigen! Vielleicht konnte er sie überzeugen, wenigstens einen kurzen Blick zu riskieren. Wenn das Wesen nicht allzu gruselig war, half sie ihm hoffentlich, Fred zu überreden, es für eine Weile zu behalten. Zu zweit waren sie immerhin in der Mehrzahl ...

Endlich entdeckte Nemo Oda auf der anderen Seite der Aschenbahn bei Herrn Silberrücken, der mit der Stoppuhr neben einem Pulk Schülern stand. Mit wippendem Pferdeschwanz hopste sie auf und ab und machte sich für den 800-Meter-Lauf warm.

„Da ist sie!" Nemo stupste Fred an, der sofort umfiel.

„He!" Fred rappelte sich wieder auf und folgte Nemo über den Sportplatz.

Sie begrüßten Oda und meldeten sich bei Herrn Silberrücken für denselben Lauf an. Nemo beschloss, während der ersten Runde kurz mit

Oda zu quatschen und dann in der zweiten Runde ordentlich Gas zu geben. Wenn er der Schnellste war, wurde er vielleicht sogar von Hubsi Hubert interviewt.

„Auf die Plätze ... fertig ... los!“ Kaum hatte der Sportlehrer die Klappe geschlagen, sah Nemo Oda nur noch von hinten. Ihre Füße wirbelten roten Staub auf. Nemo hustete. Er legte einen Zahn zu, um sie einzuholen, erreichte sie aber erst kurz vor dem Ziel. „Oda ... ich muss dir ... was sagen“, japste er, als sie gemeinsam über die Ziellinie taumelten. Erschöpft fiel er neben ihr ins Gras.

„Was denn?“ Oda sah ihn interessiert an. Ihre Wangen waren vor Anstrengung gerötet. Nemo wollte antworten, brachte aber vor Keuchen kein Wort heraus. Seine Lungen stachen, als hätte er einen Schwarm Bienen verschluckt. Um sich eine kleine Verschnaufpause zu gönnen, zeigte er rüber zu Fred, der gelassen neben Hubsi Hubert stand und mit ihm plauderte.

„Holla, die Waldfee!“, rief der Moderator sichtlich

beeindruckt. „Junge, du bist ja schneller, als die Polizei erlaubt! Wie machst du das?“ Er hielt Fred das Mikro unter die sommersprossige Nase.
„Keine Ahnung.“ Fred zuckte die Schultern. Seine Wangen waren so blass wie eh und je. Er schien nicht mal außer Atem zu sein.
„Die Ehrenurkunde ist dir jedenfalls sicher“, prophezeite Hubsi.
Doch Fred schüttelte den Kopf. „Man soll den Tag nicht vor dem Abend loben! Eigentlich bekomme ich immer nur eine Teilnehmerurkunde.“
Hubsi sah ihn überrascht an. „Wie kommt's?“
„Leider bin ich in Springen und Werfen echt grottig.“ Fred machte ein bedauerndes Gesicht. „Drücken Sie mir also die Daumen.“
„Gern.“ Hubsi packte Freds Daumen und drückte zu. „Aber wie willst du so springen?“
Fred sah ihn verdutzt an.
Nemo prustete los. Hubsi war einfach der Lustigste!
„Haha, kleiner Spaß.“ Der Moderator ließ Freds

Daumen wieder los. Er zwinkerte ihm aufmuntern zu und klopfte ihm auf die Schulter.
„Viel Glück."
„Na dann." Fred verabschiedete sich.
Nemo stand auf und zog Oda ebenfalls hoch. Die Chance, mit ihr allein zu reden, war erst einmal vertan. Zu dritt gingen sie rüber zur Sprunggrube.
Um sich geistig auf seinen Sprung vorzubereiten, sah Fred den anderen eine Weile zu. Erst nachdem Oda und Nemo gesprungen waren, nahm auch er Anlauf. Er atmete tief ein und lief mit immer länger werdenden Schritten auf die sandgefüllte Grube zu. Mit rudernden Beinen sprang er ab und plumpste schwerfällig wie ein Stein in den Sand. Er kippte nach hinten und landete auf dem Po.
„Uuhh." Nemo sog scharf die Luft ein.
„Ein Meter siebzig", maß Frau Dr. Spargel.
Kolja und Bruno lachten.
Oda warf ihnen einen bösen Blick zu.
„Du bist zu früh abgesprungen", sagte die

Direktorin. „Da hast du mindestens einen Meter vertan, mein Lieber."
„Scheibenkleister!" Fred rappelte sich auf und putzte sich den Sand vom Hosenboden.
Nemo tröstete ihn: „Du hast ja noch einen Versuch."
Fred trottete davon und nahm erneut Anlauf. Doch diesmal rief Frau Dr. Spargel: „Übergetreten! Das kann ich leider nicht gelten lassen." Ausnahmsweise gewährte sie ihm einen dritten Versuch.
Jetzt oder nie!, dachte Nemo. Er tippte Oda auf die Schulter und flüsterte: „Komm mal mit! Ich hab was Interessantes dabei."
„Ein neues Päckchen?", vermutete Oda sofort und folgte ihm mit wippendem Pferdeschwanz zu den Bänken hinter der Aschenbahn. „Nicht dein Ernst?"
„Doch." Nemo holte seinen Turnbeutel hervor und schleifte ihn zum Gebüsch.
„Sieht schwer aus", bemerkte Oda.

„Ist er auch." Nemo kniete sich hinter einen Busch. Er zog den muffigen Turnbeutel auf und holte die Metallkiste heraus.
„Bitte nicht öffnen – Rostig", las Oda vor. „Klingt nicht besonders gefährlich."
„Ganz deiner Meinung." Nemo nickte. „Trotzdem ist Fred sicher dagegen, dass wir sie öffnen. Aber wenn wir nur einen ganz kurzen Blick reinwerfen?" Bittend sah er Oda an. Ihre Wangen waren vom 800-Meter-Lauf noch immer ganz rosig. „Die schwarze Kruste, die jedes Mal explodiert ist, habe ich eh schon abgeschabt. Es kann also gar nichts passieren."
Aber Oda musste nicht lange überzeugt werden. „Tippitoppi." Aufmunternd nickte sie Nemo zu. „Dann mach schon auf!"
Nemo grinste erfreut. Er brach einen Ast entzwei und schob das spitze Ende in den Spalt zwischen Kiste und Deckel. Vorsichtig hob er die Metallplatte an, legte seinen Kopf schief und linste darunter.

„Ein Roboter!“, rief Oda erstaunt.
„Der wird Fred gefallen!“ Erleichtert sah Nemo zu seinem Freund, der mit vier langen Schritten auf die Sandgrube zulief. Mit rudernden Armen sprang Fred ab.
Wie in Zeitlupe stieg er in die Luft, höher und höher, bis er schließlich vom höchsten Punkt aus auf den Sportplatz herabblickte. Kurz sah er sogar zu ihnen herüber, bevor er den Sinkflug antrat und mit beiden Füßen im Sand landete.
Frau Dr. Spargel setzte das Maßband an. „Äh … acht Meter dreißig!“, rief sie ungläubig.
„Yes!“ Fred schlug sich mit der Faust in die Hand. „Das gibt eine Ehrenurkunde.“
Erschrocken knallte Nemo den Kistendeckel wieder zu.
Unter seinen Händen erklang eine Reihe elektronischer Biep-Töne.
„*Di-dü. Di-dü.* Hal-Lo. Lan-Dung ge-Glückt?“, fragte ein blechernes Stimmchen. „Plan-Et be-Wohnt?“

BORIN
BITT
NICH

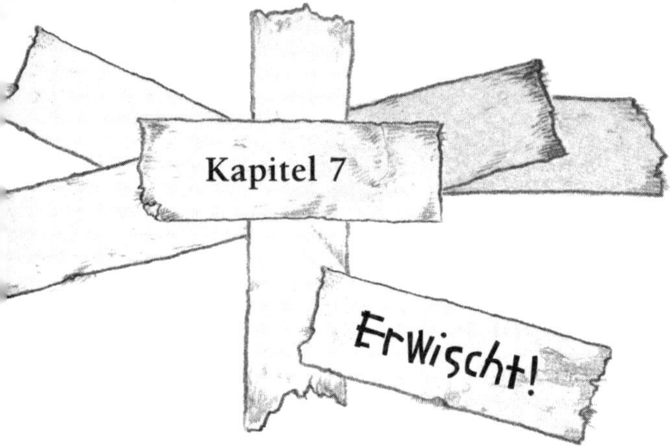

„Sagt mal, seid ihr völlig plemplem?"
Oda und Nemo duckten sich eilig tiefer hinter den Busch, wie zwei Kleinkinder, die Verstecken spielten.
Freds blasses Gesicht tauchte zwischen den Zweigen auf. „Was macht ihr hier?"
„Wir ... äh ... brauchten ein bisschen Schatten", redete sich Oda heraus. „Nemo stand zu lange in der prallen ..."
„Stopp!" Fred unterbrach sie. „Veräppeln kann ich mich selbst! Das war eine rhetorische Frage. Ich weiß, was ihr hier macht."

„Ach ja?“ Überrascht sah Nemo ihn an.
„Selbstverständlich!“ Fred lachte wissend. „Haltet ihr mich für doof? Ich hab euch gesehen. Außerdem: Habt ihr nicht mitbekommen, wie weit ich gesprungen bin? Acht Meter dreißig!“ Er schnaubte aufgebracht. „So weit springt kein Mensch! Zumindest kein Siebtklässler. Das ist weiter als der Weltrekord der Frauen!“
Vorwurfsvoll funkelte er Nemo und Oda an. „Ist doch klar wie Kloßbrühe, dass hinter diesem Sprung ein neues Paket steckt. Wie konntet ihr es wagen, es ohne mich zu öffnen?“
„’tschuldige.“ Nemo bekam sofort wieder ein schlechtes Gewissen.
Fred schielte auf die Kiste hinter seinem Rücken. „Was ist denn diesmal drin? Ein Känguru? Ein Flummi? Ein aufziehbarer Grashüpfer?“
„Ein Ro...bo...boter“, stammelte Nemo und glaubte, in Freds Augen ein interessiertes Aufflackern zu erkennen.
„Okay. Das erklärt die nachlassende Schwerkraft.“

Fred bog die Zweige weiter auseinander. „Trotzdem, ich bestehe darauf, dass wir gleich nach dem Sportfest zum Spielwarenladen gehen und Herrn Siebzehnrübel fragen, an wen er alles so einen *Ro-bo-boter* verkauft hat."
Nemo sparte sich den Hinweis, dass *Ro-bo-boter* kein Markenname war, sondern er nur gestottert hatte. Er war es eben nicht gewohnt, von seinem Freund so angefaucht zu werden.
Oda wandte ein: „Nicht alle verzauberten Spielsachen kamen aus dem Spielwarenladen."
„Hast du eine bessere Idee?", konterte Fred. „Es ist ein Anfang. Jetzt, wo das Kind schon in den Brunnen gefallen ist."
Nemo erschrak. „Welches Kind?"
„Welcher Brunnen?", wollte Oda wissen.
Fred stöhnte auf. „Euer Wortschatz ist wirklich haarsträubend! *Jetzt, wo das Päckchen schon mal geöffnet ist*", übersetzte er.
„Ach so." Nemo atmete auf. „Sag das doch gleich."

„Also bis später." Fred ließ die Zweige zurückschnalzen und hüpfte davon. Trotz allem hatte Nemo den Eindruck, dass sein Freund nicht wirklich schlecht gelaunt war.
„Wohin gehst du?", rief er ihm nach.
„Na, zurück auf den Sportplatz", antwortete Fred vergnügt. „Meine Ehrenurkunde abholen."

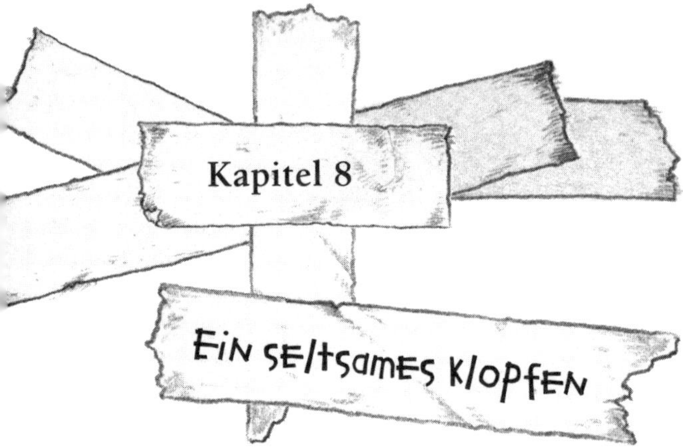

Gleich nach der Urkunden-Verleihung machten sie sich auf den Weg zum Spielwarenladen. Nemo und Oda mit einer Siegerurkunde in der Tasche, Fred mit einer Ehrenurkunde. Er platzte fast vor Stolz. „Ich bin sogar Schulbester!“, betonte er.

„Komisch.“ Nemo drückte die Klinke der roten Ladentür herunter. „Immer noch zu.“

„Vielleicht hat er neue Öffnungszeiten?“ Stirnrunzelnd betrachtete Oda die vielen Spielsachen in Herrn Siebzehnrübels vollgestopftem Schaufenster. Da gab es Puzzles und Brettspiele, Puppen, Kuscheltiere und ein hölzernes

Riesenrad. Neben einer kleinen Werkbank standen ein Spiel-Herd, ein Turm aus Bauklötzen und ein hell erleuchtetes Puppenhaus. „Irgendwas stimmt hier nicht“, murmelte sie, kam aber nicht darauf, was.

Nemo legte seine Stirn an die Scheibe, um besser ins Ladeninnere sehen zu können. Trotz des düsteren Lichts erkannte er den langen Verkaufstresen mit der alten Registrierkasse, die Gläser mit den Süßigkeiten und an der Wand die drei Bilder, welche Herrn Siebzehnrübels Urgroßvater, Großvater und Vater zeigten. Aber von dem silberhaarigen Spielwarenhändler selbst ... keine Spur.

„Ist er schon wieder nicht da?“, fragte eine Stimme hinter ihnen. Nemo und Oda sahen auf. Zwischen ihnen im Fensterglas spiegelte sich Frau Ücke.

„Wieso schon wieder?“ Nemo drehte sich um.

„Gestern war er auch schon weg. Ich probier’s mal bei ihm zu Hause.“

Die Freunde folgten der Postbotin um die Ecke zu

einem unscheinbaren Hauseingang, der zu Herrn Siebzehnrübels Privatwohnung über dem Laden führte. Dort stand zu ihrer Überraschung bereits der Friseur. Sein Zeigefinger lag auf dem Klingelknopf.

„Wollen Sie auch zu Herrn Siebzehnrübel?“, fragte Nemo.

„Und ob!“ Der Friseur nickte. „Ich hab ihn im Laden nicht angetroffen. Dabei wollten wir heute das Büfett für die Ausstellungseröffnung besprechen. Süß oder salzig? Ich bin mir nicht sicher, ob ich nun Mini-Pizzen oder Muffins machen soll.“ Aus dem Augenwinkel schielte er zu Frau Ücke, die ein paar Briefe in den goldenen Briefschlitz stopfte. „Und wer sind Sie?“

Frau Ücke sah ihn ertappt an. „Ich, äh, bringe die Post.“

„Ach!“, sagte der Friseur überrascht.

„Nein, Ücke“, sagte Frau Ücke. „Herr Ach ist doch jetzt ...“

„Ich weiß.“ Der Friseur wedelte mit der Hand.

„Ich bin nur verwundert. Ich habe Sie in Boring noch nie gesehen."
„Weil ich sonst immer hinter dem Schalter saß. Aber jetzt, wo Franz Bürgermeister ist ..."
„Wie schön!"
Frau Ücke nickte etwas erschöpft. „Ich freu mich auch für ihn."
„Nein, ich meine ..." Der Friseur druckste verlegen herum. „Wie schön ... Sie sind ... also ähm ... schön, Sie jetzt mal öfter zu sehen."
Frau Ücke wurde ein bisschen rot.
Erstaunt sahen Nemo, Oda und Fred zwischen dem Friseur und der Briefträgerin hin und her. Die beiden schienen sich sympathisch zu finden. Herrn Siebzehnrübel und die Kinder hatten sie jedenfalls völlig vergessen.
Das änderte sich, als aus Nemos Turnbeutel ein metallisches Klopfen erklang.
Nemo erstarrte.
Der Friseur horchte auf. „Pssst!" Er legte ein Ohr an Herrn Siebzehnrübels Haustür und lauschte.

„Hört ihr das?“ Fragend sah er die Kinder an.
Synchron wie drei dressierte Dackel schüttelten sie die Köpfe.
„Nö“, behauptete Nemo spontan, obwohl das Klopfen kaum zu überhören war.
„Ich hör auch nix“, log Fred und lief dabei puterrot an.
„Seid ihr taub?“ Frau Ücke gab dem Friseur recht. „Das Pochen ist doch ganz deutlich.“
„Ach das!“ Oda eilte den Jungs zu Hilfe. „Das ist nur mein Metronom. Es geht ständig von allein los. Es hilft mir, beim Klavierspielen den Takt zu halten. Ich hab's dabei, weil ich gleich zum Unterricht muss.“ Sie zupfte Nemo und Fred an den T-Shirts und zog sie zurück um die Ecke. Dabei lächelte sie den Erwachsenen unschuldig zu.
„Was jetzt?“, zischte sie, kaum dass sie wieder vor dem Schaufenster standen.
„Gehen wir erst mal zu mir.“ Nemo setzte sich auf das niedrige Fenstersims, um den schweren

Rucksack ein wenig abzustützen. „Öffnen wir die Kiste und fragen den Roboter, wo er herkommt." Unsicher blickte er zu Fred, um zu sehen, wie der Vorschlag bei seinem Freund ankam.
Fred zuckte mit den Schultern. „Es bleibt uns wohl nichts anderes übrig." Er deutete auf Nemos Rucksack, aus dem noch immer das Klopfen drang. „Jetzt, wo er schon mal zum Leben erwacht ist." Er seufzte ergeben, aber es war offensichtlich, dass auch er neugierig war.
Nemo wandte sich an Oda, die wieder schweigend ins Schaufenster starrte. „Was meinst du?"
„Dass hier irgendetwas nicht stimmt", murmelte sie geistesabwesend. Zwischen ihren Augenbrauen bildete sich eine steile Falte. Da plötzlich hellte sich ihr Gesicht wieder auf. „Und jetzt weiß ich auch, was!"
„Was?", fragten Nemo und Fred gleichzeitig.
„Eine Detektivin muss eben auf jedes Detail achten. Hättet ihr das Handbuch gelesen, wüsstet ihr das."

„Jetzt spuck's schon aus!“, drängelte Fred. Oda deutete auf das illuminierte Puppenhaus. „Die Nachtbeleuchtung ist noch an!“ Ihre Miene spiegelte gleichzeitig Triumph und Bestürzung wider. „Herr Siebzehnrübel war heute noch gar nicht hier. Das heißt, ihm ist irgendetwas Schlimmes passiert.“

Tischlein deck dich

Herr Siebzehnrübel schmatzte zufrieden. Er fuhr mit dem Finger über den Tellerrand und schleckte ihn ab. Dieser Traum gefiel ihm!
Als Vorspeise hatte er sich eine Kürbissuppe geträumt. Für den Hauptgang Kohlrouladen mit Kartoffelstampf. Und zum Nachtisch einen wunderbar saftigen Pflaumenkuchen mit Schlagsahne.
Er stellte seinen Teller beiseite und hob eine Puzzleschachtel vom Boden. Er lehnte sie an den Wasserkrug und studierte das Bild auf dem Deckel. Am besten, er machte mit der Fahne auf dem Bergfried weiter. Die roten Teile waren am leichtesten zu finden.

Zufrieden blickte er auf den geschlossenen Rand, den er bereits vor dem Essen fertiggestellt hatte. Wie nett von dem geträumten Entführer, ihm sogar ein Puzzle zu bringen, damit ihm nicht langweilig wurde! Hoffentlich wachte er nicht auf, bevor er mit der Boringer Burg fertig war.
Herr Siebzehnrübel kicherte.
Was für ein verrückter Traum! Denn *dass* es ein Traum war – da war er sich immer noch sicher. Wahr konnte das alles jedenfalls nicht sein! Schließlich hatte er seinen Entführer nun endlich gesehen. Es war Pinky Püschel – der rosafarbene Hase aus seinem Geschäft.

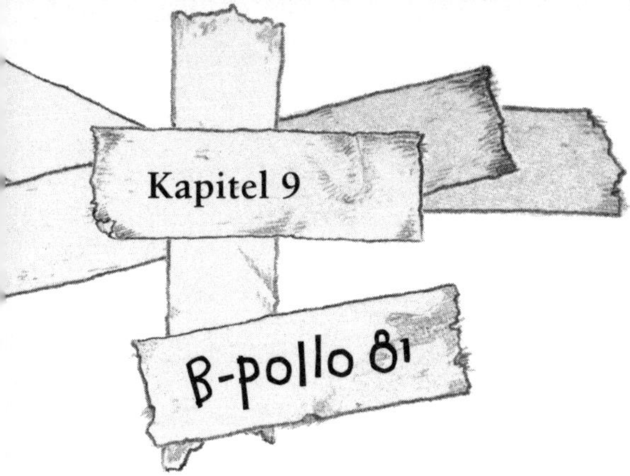

„Okay.“ Oda legte das Telefon weg und sah zu den Jungs, die auf dem Flokati in Nemos Wohnzimmer saßen. „Die Polizei in Dickstein hat versprochen, bei Herrn Siebzehnrübel nach dem Rechten zu sehen. Aber ich finde, wir sollten trotzdem weiter nach Hinweisen suchen. Alles kann wichtig sein!“
„Alles?“ Nemo zog die schwere Metallkiste aus seinem Turnbeutel. Er dachte an den Hinweis, den er bis jetzt zurückgehalten hatte. „Dann muss ich euch was beichten“, begann er betreten.
„Okidoki!“ Oda setzte sich auf das Sofa und sah ihn interessiert an.

„Schieß los!“, forderte Fred.
„Aber ihr dürft nicht lachen! Mein Vater hat neulich vor dem Spielwarenladen einen riesigen rosafarbenen Hasen gesehen.“ Prüfend blickte Nemo seinen Freunden ins Gesicht. Aber keiner der beiden verzog eine Miene.
„Und weiter?“, fragte Oda, als ob ein rosafarbener Hase vor dem Spielwarenladen das Normalste der Welt sei.
Erleichtert fuhr Nemo fort: „Angeblich hat der Hase etwas Schweres in einem Puppenwagen transportiert. Zuerst habe ich gedacht, mein Vater spinnt, aber jetzt ...“
Oda nickte konzentriert. „Jetzt ist es ein wichtiges Indiz.“ Sie zückte ein kleines Notizbuch, das sie aus dem Handbuch für Detektive getrennt hatte, und notierte die Information.
Fred stimmte ihr zu: „So wie das Puzzleteil, das wir vor dem Spielwarenladen gefunden haben.“
Oda horchte auf. „Welches Puzzleteil?“

Fred kramte seine Zahnspangenschachtel aus der Hosentasche und zeigte ihr das Eckstück, das er tags zuvor entdeckt hatte.
„Hm." Oda kaute nachdenklich an ihrer Unterlippe. „Alles sehr merkwürdig."
Nemo warf einen kurzen Blick auf die Kuckucksuhr. „Okay, lasst uns die Kiste öffnen", sagte er ungeduldig. „Vielleicht kann uns ja der Roboter einen Hinweis darauf geben, was mit Herrn Siebzehnrübel passiert ist."
Oda und Fred waren einverstanden. Gespannt beobachteten sie, wie Nemo sein Taschenmesser aufklappte und die Klinge unter den Deckel schob. Mit einem leisen Klick sprang dieser auf und gab den Blick auf einen kleinen Roboter frei.
„Oh, wie niedlich!", quiekte Oda erfreut, verstummte aber sofort wieder. Nicht, dass der Roboter sie noch als Mutter auserkor, so wie damals Schleimi.
Aber ihre Sorge war unbegründet. Der Roboter blieb stumm. Seine Augen blickten leblos.

Sein breiter Mund grinste starr. An einigen Stellen war er arg verrostet.
„Ist er tot?“, fragte Oda enttäuscht.
„Wenn, dann ist die Batterie leer“, sagte Nemo. „Und guckt mal: Er hat wieder so einen schwarzen Fleck auf der Brust wie die anderen Spielzeuge.“ Er kratzte an dem Klecks herum, als plötzlich zwei Klappen aufschnappten und die Sicht auf eine kleine Schalttafel freigaben. „Soll ich …?“ Nemo näherte seinen Zeigefinger einem grünen Knopf.
„Bloß nicht!“ Fred schlug ihm die Hand weg.
„Autsch!“ Nemo funkelte ihn vorwurfsvoll an, als im selben Moment die Augen des Roboters zu leuchten begannen. Quietschend richtete er den Oberkörper auf, hob sich mit seinen knallorangefarbenen Schlaucharmen aus der Kiste und blieb auf kurzen Beinchen sitzen. Er drehte den Kopf um 360 Grad und quäkte mit blecherner Stimme: „*Di-dü, di-dü*. Ers-Te Begeg-Nung mit Lebewe-Sen. Kommunika-Tion: aggres-Siv. Ausse-Hen: huma-Noid. Ge-Ruch …“ Der Roboter

beugte sich vor und schnüffelte an Nemos Socken: „Kä-Sig."

Fred lachte laut auf.

Nemo guckte beleidigt. „Der weiß doch gar nicht, was Käse ist."

„Stinken-Des Milchpro-Dukt, das als Brotbe-Lag dient."

Fred hielt sich den Bauch vor Lachen und kippte zur Seite. Der Roboter rollte zu ihm, hob seinen Schlaucharm und tippte ihm an die Stirn. „*Di-dü, di-dü.* Erd-Ling lacht. Sta-Tus: Intelli-Genz unwahrschein-Lich."

Jetzt prusteten Nemo und Oda los.

„Und ob ich intelligent bin." Empört setzte sich Fred wieder auf. „Ich hab 'ne Eins in Englisch und Erdkunde."

Doch der Roboter ließ sich nicht überzeugen. Nüchtern stellte er fest: „Auslach-En ist Ein Zeich-En mangeln-Der sozia-Ler Intelli-Genz."

„Ups!" Nemo stellte sein Lachen wieder ein.

Oda beugte sich vor. „Wie. Heißt. Du?“, fragte sie ebenso abgehackt wie der Roboter.
„Bi-Pollo einundacht-Zig.“ Der Roboter wandte sich mit ruckartigen Bewegungen zu ihr um.
„Ge-Nannt: Biep.“
Ein unangenehm hoher Biep-Ton erklang.
Nemo hielt sich die Ohren zu.
„Space Ro-Bot Der ers-Ten Genera-Tion. Pri-Ma Tech-Nik aus Dem Hau-Se Pin-Clair & Sons.“
Nemo nahm die Hände wieder herunter. „Und woher kommst du?“
„Hei-Mat Zwerg-Pla-Net Capu-To.“
„Heimatzwerg?“, fragte Nemo.
„Zwergplanet“, erklärte Oda.
„Ja, aber du gehörst doch sicher auch einem Kind?“, fragte Fred. „Weißt du vielleicht, wie es heißt?“
„Kuckuck!“ In dem Moment sprang der Kuckuck aus der Wanduhr und piepte dreimal.
„Peeer-Fekt!“ Biep hob einen Arm und zielte auf den hölzernen Vogel. Dabei ließ er eine

elektronische Geräuschsalve los, die wie ein Laser klang: *Piu-piu-piu!*
„Cool, ein Waffenarm!“, rief Nemo begeistert.
Kaum war der Kuckuck wieder verschwunden, ertönte aus Bieps Brustkorb eine absteigende Melodie: *Dudel-udel-uuu.* Sie klang wie „Treffer versenkt“.
Spöttisch stellte Fred fest: „Auf Holzvögel zu schießen, zeugt auch nicht gerade von hoher sozialer Intelligenz.“
Oda fragte: „Weißt du vielleicht, was mit Herrn Siebzehnrübel passiert ist?“
Biep starrte sie an. Plötzlich begannen seine Augen zu blinken und sein Kopf drehte sich mehrmals um den eigenen Hals. Er machte zwei Schritte vorwärts, dann rückwärts, kollidierte mit einem Tischbein und änderte die Richtung. Mit schlenkernden Armen und rotierendem Oberkörper sauste er aus dem Wohnzimmer. Kurz darauf erklang aus dem Bad ein fröhliches:
„Dis-Co!“

Die Freunde sahen sich verdattert an.
Nach einer kurzen Schrecksekunde sprangen sie auf und liefen dem Roboter hinterher. Nemo wurde schwindlig. Seine Schritte fühlten sich an, als würde er durch eine Hüpfburg laufen. Torkelnd taumelte er ins Bad und schlug sich dabei beinahe den Kopf am Türrahmen an.
„Was ist Das?“ Biep saß neben dem Klo und drückte die Spülung. „Schalt-Kas-Ten unbe-Kannt.“ Erschrocken wich er zurück, als ein Schwall Wasser durch die Kloschüssel rauschte. Ein paar Tropfen trafen seine elektronische Schalttafel.
„Wasser“, erklärte Nemo und setzte sich auf den Badewannenrand. „Kennst du das nicht?“
„Ne...a-Tiv.“ Quietschend schüttelte Biep den Kopf.
„Na logo!“, rief Oda. „Auf Caputo gibt es kein Wasser. Zumindest kein flüssiges. Extraterrestrisch hat man bis jetzt nur Wasserdampf und Eis gefunden. Rutsch mal!“

Sie setzte sich neben Nemo, so nah, dass sich ihre Arme berührten. Nemo wurde nervös. Das plötzliche Rauschen in seinen Ohren übertönte die Klospülung.
Interessiert richtete Biep seinen Blick auf ihn. Seine Augen blinkten, während er Nemos Zustand analysierte: „*Di-…ü, di-…ü.* Vermehr… Abson… Ung von Schweiß."
„Haha." Nemo lachte künstlich.
Aber zum Glück achtete Oda gar nicht darauf, was Biep sagte, sondern nur darauf, *wie* er es sagte.
„Habt ihr das bemerkt?", fragte sie. „Biep hat so komische Aussetzer."
„Ja! Du hast recht", plapperte Nemo dankbar los. „Sicher ist das Wasser daran schuld. Immerhin ist es für elektronisches Spielzeug lebensgefährlich."
„Und lässt es rosten", sagte Fred. „Biep muss dringend geölt werden!" Mit federnden Schritten verließ er den Raum.
Augenblicklich wurde Nemo noch nervöser. Jetzt war er auch noch allein mit Oda! Also fast …

„Wort- un... Herzfre...Enz er...Hö..."
Nemo starrte den Roboter entsetzt an und überlegte fieberhaft, wie er ihn stoppen konnte.
„...a-tus: ver...bieeeeeeeeeeeeeeeeeeee!" Mit einem Mal setzte Biep von allein aus. Seine Augen erloschen und sein Köpfchen sank auf die blecherne Brust. Der kleine Roboter verstummte gerade noch rechtzeitig, bevor es peinlich wurde.
Nemo atmete auf.
Oda betrachtete Biep besorgt und schloss seine Brustklappen. „War das ein Kurzschluss?"
„Haaaaaaallo!", erklang plötzlich eine Stimme im Flur.
„Schnell!" Nemo sprang auf. „Meine Mutter! Wir müssen Biep verstecken."
„Aber wo?" Hektisch sah Oda sich um.
Schon näherte sich Frau Pinkowskis Stimme dem Badezimmer. Sie klang erstaunt: „Hallo Fred! Wo willst du denn mit dem Salatöl hin?"
Oda und Nemo packten Biep bei den Schlaucharmen. „In den Wäschekorb", zischte Nemo.

Zusammen hoben sie ihn hoch und vergruben ihn unter der Schmutzwäsche, als Nemos Mutter auch schon zur Tür hereinschneite.
„Oh, hallo Nemo, hallo Oda. Was macht ihr denn hier?"
„Und *ihr*?", fragte Nemo zurück.
„Ach." Seine Mutter seufzte. „Ich geh gleich wieder ins Geschäft. Aber Papa will sich auf der Terrasse ein wenig ausruhen." Sie drehte den Wasserhahn auf und wusch sich die Hände. „Er fühlt sich plötzlich ganz schwindlig und schwach."
Kaum hatte sie ausgesprochen, gellte Herrn Pinkowskis Stimme durchs Haus. Nur klang sie alles andere als schwindlig und schwach: „Nemo!!! Was zum Henker ist denn mit der Markise passiert?"

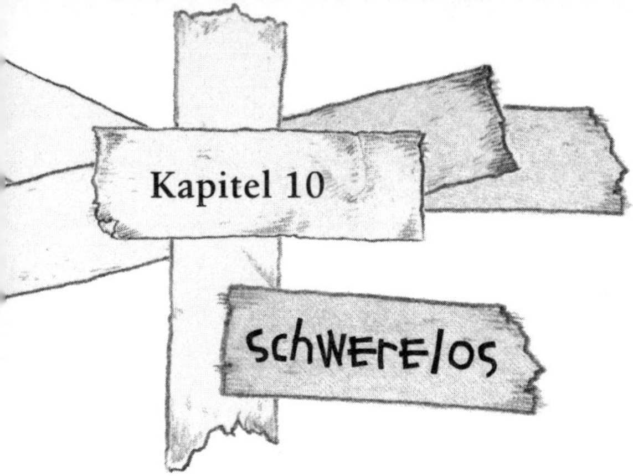

Kapitel 10

Schwerelos

Am nächsten Morgen stand Nemo früh auf. Er ging in die Küche, setzte sich auf einen Barhocker und sah seinem Vater zu, wie der einen Magerjoghurt aus dem Kühlschrank holte und ihn öffnete.

„Und? Wie lief's beim Joggen?“, erkundigte sich Nemo vorsichtig, um die Stimmung zu testen. Womöglich war sein Vater immer noch sauer wegen der zerstörten Markise. Vor lauter Wut hatte er Oda und Fred gestern direkt nach Hause geschickt und von Nemo verlangt, den Rest des Abends auf seinem Zimmer zu verbringen. Nemo

hatte noch nicht einmal Biep aus dem Wäschekorb holen können. Aber so, wie es aussah, hatte der kleine Roboter Ruhe gegeben.
„Wieder besser“, sagte Herr Pinkowski und kippte sich einen Schwall Schokostreusel in den Joghurt, als plötzlich ein spitzer Schrei aus dem Badezimmer drang. Nemo rutschte das Herz in die Schlafanzughose. Er sprang vom Barhocker und eilte mit seinem Vater ins Bad, wo seine Mutter in ein Handtuch gewickelt auf der Waage stand. Glücklich strahlte sie die beiden an.
„Das gibt's doch nicht! Einmal gejoggt und schon bin ich leichter!“
„Och.“ Nemos Vater guckte bedauernd. „Dabei liebe ich doch jedes Kilo.“ Nemos Mutter kicherte. Die beiden umarmten und küssten sich.
Eilig sah Nemo woanders hin. Sein Blick fiel auf Biep, der hinter seinen Eltern dumm aus der Wäsche guckte. Auf seinem Kopf saß eine gepunktete Unterhose.
„Di-dü, di-dü.“

Erschrocken lenkte Nemo ab: „Äh... sagt mal, klingelt der Wecker noch?“
„Komisch.“ Sein Vater ging ins Schlafzimmer, um nachzusehen. „Eigentlich hab ich ihn ausgemacht.“ Nemos Mutter folgte ihm.
Nemo atmete erleichtert auf. Die beiden verschwanden, bevor Biep seine nervige Status-Meldung absetzen konnte: „Erd-Ling 1 beißt Erd-Ling 2 ins Ge-Sicht. Kommunika-Tion: zärt-Lich. Sta-Tus: ver-Liebt!“

Kurz nachdem Nemos Eltern leichtfüßig zum Supermarkt gehüpft waren, klingelten Oda und Fred. Sie waren früh dran und hatten noch Zeit, um mit Nemo zu frühstücken.
Doch das gestaltete sich schwieriger als gedacht: Die Cornflakes blieben nicht in der Schüssel und die Brotscheiben sprangen meterhoch aus dem Toaster. Sanft wie Schmetterlinge flogen sie durchs Wohnzimmer und landeten neben Biep auf dem Flokati.

„A-Ha.“ Biep tatschte auf ihnen herum. „Erdlin-Ge nut-Zen Brot-Rake-Ten. Zweck un-Klar.“

„Wow!“ Staunend betrachteten Oda und Fred die Schokostreusel, die wie ein Schwarm Mücken über dem Joghurt schwebten. Immer, wenn sie kurz davor waren hineinzufallen, wirbelte ein Lufthauch sie wieder auf.

Oda zückte ihr Notizbuch. „Und du sagst, solange Bieps Kurzschluss angedauert hat, war alles wie immer?“

Nemo nickte. „Vielleicht lag es auch daran, dass Biep unter der Schmutzwäsche vergraben war. Auf dem Sportfest war die Schwerkraft ja auch wieder normal, sobald wir die Kiste geschlossen haben.“

„Dann stecken wir ihn eben zurück.“ Fred tupfte mit der Zunge ein paar Schokostreusel aus der Luft wie ein Frosch Fliegen.

„Nega-Tiv.“ Quietschend schüttelte Biep den Kopf. Seine Augen begannen, ängstlich zu blinken, und sein Kopf rotierte um den eigenen Hals.

„Wo willst du denn dann hin?“, fragte Oda, bevor er wieder mit schlenkernden Armen aus dem Wohnzimmer rannte. „Mit in die Schule?“
„Peeer-Fekt!“, rief der kleine Roboter.
„Einspruch!“ Fred griff nach dem Salatöl, um endlich Bieps quietschende Gelenke zu schmieren. „Er kann nicht mit in die Schule. Frau Dr. Spargel erlaubt keine unterrichtsfernen Gegenstände. Wenn sie uns den Roboter abnimmt, landet er in der Kiste im Keller.“ Er hielt kurz inne. „Moment mal! Vielleicht ist das doch eine gute Idee?“
„Auf gar keinen Fall!“ Nemo nahm Biep die Toastbrotscheiben aus den Zangenhänden. „Dann dürfen wir ihn erst am Schuljahresende wieder abholen. Und das Schuljahr hat gerade erst angefangen. Denk an das Kind, das ihn vermisst! Wir sollten lieber herausfinden, wem er gehört.“
„Peeer-Fekt!“, rief der kleine Roboter erneut.
„Und wo Herr Siebzehnrübel steckt.“ Oda warf einen Blick in ihre Notizen.
„Aber in der Kiste im Schulkeller würde er

wenigstens keine Schwerelosigkeit auslösen." Fred kniete sich auf den Teppich und träufelte ein paar Tropfen Öl auf Bieps rostige Scharniere. Doch kaum hatten die Tropfen die Flasche verlassen, formten sie sich zu Kugeln und schwebten davon.
„He! Lass das lieber." Nemo sprang auf das Sofa und fing die Öltropfen mit den Weißbrotscheiben ein. „Es fliegen schon genug Lebensmittel im Wohnzimmer herum."
Ansonsten fand er die Schwerelosigkeit eigentlich ganz cool. Im Zeitlupentempo schlug er einen Salto in der Luft. Dabei fiel sein Blick auf die Angelzeitung seines Vaters. „Komisch", wunderte er sich, „warum fliegen die Schokostreusel und Cornflakes herum – aber die Zeitschriften nicht?"
„Die Schwerkraft ist ja nicht ganz weg", sagte Oda. „Sie ist nur geringer. Was sich nicht bewegt oder bewegt wird, bleibt wahrscheinlich einfach liegen. Es ist nur alles ... leichter."
„Autsch!" Nemo stieß sich den Kopf an der Decke.

Mit wenigen Sätzen hopste er wieder zu Biep.
„Verstehe. Und Biep ist so schwer, weil er für die geringe Schwerkraft auf Caputo ausgelegt ist."
Der Kuckuck kam aus dem Häuschen und piepte achtmal. Nemo hatte den Eindruck, dass er doppelt so weit flog wie sonst.
Piu-piu-piu!
Bieps Waffenarm schoss ihn ab.
Dudel-udel-uuu.
Der Kuckuck verschwand wieder in seinem Häuschen.
„Wir müssen langsam mal los", sagte Fred. „Die Schule fängt gleich an."
„Und was machen wir mit ihm?" Nemo deutete auf Biep, der sich beim Einziehen seines Schlaucharms heillos in den Zotteln des Flokatis verhedderte.
Oda steckte ihr Notizbuch weg und grinste. „Na, den nehmen wir mit. Du wolltest ja schon immer einen Hund."

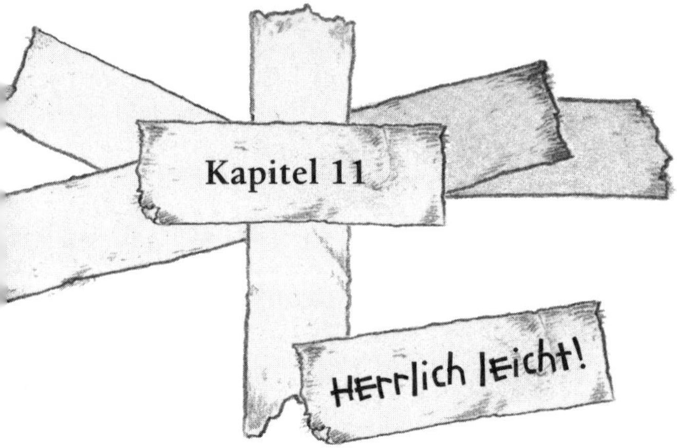

„Sieht doch ganz echt aus." Oda war stolz auf ihre Kreation. Mithilfe von wenigen Metern Paketschnur und dem Flokati aus Nemos Wohnzimmer hatte sie Biep in einen netten – wenn auch leicht quietschenden – Hund verwandelt.
Stolz führte Nemo ihn am Bademantelgürtel seines Vaters durch die Innenstadt, wo eine ausgelassene Stimmung herrschte. Gut gelaunt hopsten die Boringer zur Arbeit. Sie sprangen über Pfützen, nahmen drei Stufen auf einmal und plauderten über die seltsame „Luftveränderung".

Die abnehmende Schwerkraft machte sie in jedem Sinne „unbeschwert". Die Einkaufskörbe und Schulranzen waren leichter, die Sorgen des Alltags kleiner, manche empfanden gar ein ungeheures Glücksgefühl. Alte gingen aufrechter, Beladene leichtfüßiger und alle schritten kraftvoller voraus. Kurz: Die Boringer fühlten sich herrlich leicht!

Nur Fred machte sich Sorgen: „Aber ein Hund ist doch auch ein unterrichtsferner Gegenstand. Oder etwa nicht? Was, wenn Frau Dr. Spargel ihn erwischt?"

„Tut sie nicht." Nemo winkte mit dem Schlüssel, den die Direktorin ihnen ausgehändigt hatte. „Wir lassen ihn bei den Boringer Bücherwürmern."

„Wür-Mer?" Bieps Augen begannen, ängstlich zu blinken.

„Bücherwürmer sind ja keine echten Würmer." Oda tätschelte ihm beruhigend den Kopf. Nicht, dass ihr Flokati-Hund noch den Hals um 360 Grad drehte! Das hätte Frau Huber, die gerade mit Ossi an der Leine die Straße entlangkam,

sicher verwundert – auch wenn sie selbst mehr als seltsam aussah: Frau Hubers Haare standen zu Berge wie Zuckerwatte und ihr aufgeblähter Regenmantel ließ sie aussehen wie ein Kugelfisch. Neben ihr hüpfte Tessa, ihre Tochter, mit Magic im Arm. Nemo fand es seltsam, das freche Einhorn so leblos zu sehen. Hastig raunte er Biep zu: „Was haben wir dir gesagt? Wie macht ein Hund?"
„Wuff!" Folgsam wiederholte Biep alles, was sie ihm beigebracht hatten. Er kläffte ein paar Mal und hob am nächsten Baum quietschend ein Bein. Nur an Ossis Hintern wollte er partout nicht schnüffeln. Aber das war auch gar nicht nötig, denn kaum erblickte der quirlige Jack Russell seinen Kollegen, sprang er vor Freude in die Höhe und blieb in einer Baumkrone hängen.
Entnervt zerrte Frau Huber ihn wieder herunter. „So geht das die ganze Zeit", jammerte sie. „Irgendwas stimmt mit der Schwerkraft nicht. Warum ist das bei eurem Hund anders?" Neidisch sah sie zu Biep.

„Das ist ein Thailändischer Doppel-Mops“, erklärte Oda wie aus der Pistole geschossen. „Das sind die schwersten Hunde der Welt.“ Eilig zog sie Biep weiter.

Als sie den Marktplatz erreicht hatten, sahen sie vor dem Spielwarenladen ein Polizeiauto stehen. Ein sehr langer und ein sehr kurzer Polizist waren gerade dabei, wieder einzusteigen. Die Freunde rannten zu ihnen und hielten sie auf.

„Und?“, fragte Nemo. „Haben Sie herausgefunden, was mit Herrn Siebzehnrübel los ist?“

Der Lange zuckte die Schultern. „Er ist nicht da.“

„Das wussten wir auch schon!“ Empört stemmte Oda die Arme in die Hüften. „Deswegen haben wir Sie ja angerufen. Warum kommen Sie erst jetzt?“

„Immer mit der Ruhe, Kleine!“, sagte der Kleine, der nicht viel größer war als Oda. „Wir hatten eben Wichtigeres zu tun.“

„Was denn?“, fragte Fred frech.

„Na ja, äh, also ... jedenfalls scheint hier alles in

Ordnung." Der kleine Polizist kletterte auf den Beifahrersitz.
„Alles in Ordnung?", rief Nemo aufgebracht. „Herr Siebzehnrübel ist mindestens seit Dienstag verschwunden!"
„Na und?" Der Lange zog den Kopf ein und setzte sich hinter das Steuer. „Das ist ja nicht verboten. Vielleicht macht er Urlaub?" Er knallte die Autotür zu und ließ die Scheibe herunter.
Fred klammerte sich in das offene Fenster. „Aber dann hätte er doch ein Schild in die Tür gehängt." Er deutete rüber zum Laden, wo nichts auf Herrn Siebzehnrübels Abwesenheit hinwies. „Außerdem ist die Nachtbeleuchtung noch an."
Der Polizist ließ den Motor an. „Er möchte eben, dass sein Schaufenster beleuchtet ist. Jedenfalls hat niemand eine Vermisstenanzeige gestellt."
„Doch, wir!", widersprach Nemo.
Aber da fuhr der Wagen schon an. Im Schritttempo holperte er über das Kopfsteinpflaster und verließ den Marktplatz.

Ein weiteres Puzzleteilchen wirbelte auf und schwebte Fred direkt vor die Nase. Er fing es mit der hohlen Hand ein und legte es zu dem anderen in die Zahnspangenschachtel.

Oda seufzte: „Also, wenn schon die Polizei nicht hilft …“

Nemo beendete ihren Satz: „… dann müssen wir die Sache selbst in die Hand nehmen!“ Seine Augen blitzten unternehmungslustig. Ihm stand der Sinn nach Action und Abenteuer!

Fred nickte ernst. „Gleich nach der Schule sagen wir dem Bürgermeister Bescheid!“

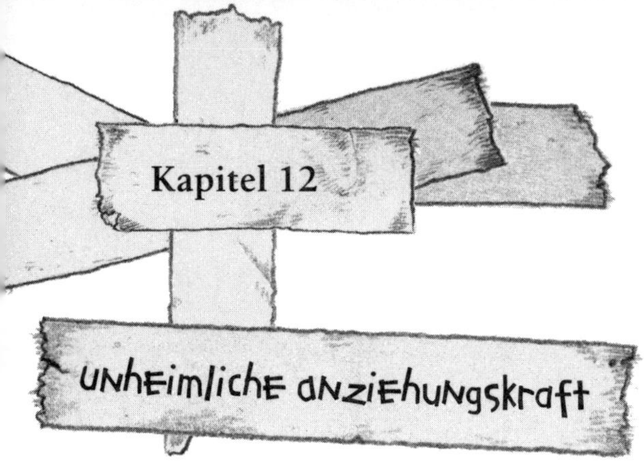

Frau Fasching versuchte, streng zu gucken. Aber selbst mit zusammengekniffenen Augen sah sie immer noch freundlich aus. „Na, ihr schrecklichen Kinder? Was habt ihr diesmal für eine Ausrede?" Sie legte die Kreide zur Seite, um mit den drei Zu-spät-Kommern zu sprechen. Doch die Kreide ditschte vom Pult ab und flog einfach davon. „Hoppla!" Frau Fasching sah ihr verwirrt hinterher. „Und kommt mir jetzt nicht mit der schwindenden Schwerkraft!", wandte sie sich wieder an die Kinder. „Wir hatten alle damit zu kämpfen und waren trotzdem pünktlich. Manche

kamen sogar früher, weil sie größere Schritte machen konnten."
„Ja, aber wir haben uns verhüpft", behauptete Oda spontan. „Fred ist doch so ein Fliegengewicht. An der Ringstraße hat es ihn einfach über die Fahrbahn geweht. Er ist in den Boringer Weiher geplumpst und wir mussten noch mal nach Hause, damit er sich umziehen konnte."
Fred fiel die Klappe herunter. Frau Fasching und der Rest der Klasse sahen ihn mitleidig an.
„Na gut." Die Lehrerin gab sich einen Ruck.
„Dann setzt euch." Sie fischte die Kreide aus der Luft und malte den Pilz zu Ende, den sie an der Tafel begonnen hatte. „Wo waren wir stehen geblieben? Ach ja: Pilze betreiben keine Fotosynthese. Das heißt, sie brauchen kein Sonnenlicht, um zu wachsen. Ihr wahres Leben findet im Verborgenen statt." Sie zeichnete feine weiße Linien unter den Pilz und erklärte: „Seine Myzelien breiten sich unterirdisch aus. Dieses Geflecht kann riesengroß werden. Der Pilz, den ihr

auf dem Waldboden seht, ist also nur ein winziger Teil eines riesigen Systems." Sie drehte sich zur Klasse um und sah die Kinder begeistert an.
Nemo durchfuhr ein beängstigender Gedanke: Was, wenn auch sie nur einen ganz kleinen Teil sahen? Wenn es sich nicht nur um einen einzelnen geheimnisvollen Spielzeugdieb handelte, sondern um eine riesige Diebesbande, die überall auf der Welt Spielsachen klaute? Keine Frage: Sie mussten der Sache nachgehen! Am besten, sie stiegen direkt nach der Schule in den Spielwarenladen ein und suchten nach Hinweisen. Je eher, desto besser! Sie hatten schon viel zu viel Zeit vertan.
Nemo sah auf den Lautsprecher über der Tafel. Hoffentlich gab es heute wieder eine Durchsage und der Unterricht wurde unterbrochen. Schließlich nahm die Schwerelosigkeit immer mehr zu. Bald schon schwebten ihre Bücher, Hefte und Stifte durchs Klassenzimmer; dann die Schulranzen, Topfpflanzen und schließlich ein Schüler.

„Jetzt bleib doch mal sitzen, Vincent!“ Frau Faschings geflochtener Zopf stand in die Luft wie ein Ausrufezeichen. Aber Vincent war nicht der Einzige, der abhob. Nach ihm flogen noch Elif und Tess, Toni und Jakob, Anna-Lena und Noah in die Höhe – bis schließlich die ganze Klasse schwebte. „Hilfe!“ Ängstlich klammerte sich Liliane an ihren Stuhl, den es zum offenen Fenster hinzog. Mit einem Satz sprang Frau Fasching über drei Tische und schloss es.

Es blieb ihr nichts anderes übrig, als den Bio-Unterricht zu unterbrechen und stattdessen eine Lektion in Physik einzulegen: „Die Schwerkraft wird auch *Gravitationskraft* oder *Anziehungskraft* genannt“, erklärte sie, während sie im Schrägflug über das Pult trudelte. „Denn alle Körper ziehen einander an.“

Nemo sah zu Oda, die im Schneidersitz über dem Tisch schwebte. Ob die unheimliche Kraft, mit der sie ihn anzog, auch etwas mit Gravitation zu tun hatte?

„Dabei zieht der schwerere Körper den leichteren stärker zu sich“, sagte Frau Fasching.
Nein. Nemo verwarf den Gedanken wieder. Er war ja schwerer als Oda. Wenn, dann müsste sie sich von ihm angezogen fühlen.
Oda sah zu ihm herüber und lächelte.
War das etwa so?
Nemo wurde schwindlig.
„Und da die Erde so groß und vor allem schwer ist“, fuhr Frau Fasching fort, „zieht sie alles an, was auf ihr existiert.“ Sachte sank sie zu Boden, stupste sich mit den Zehenspitzen ab und flog Richtung Zimmerdecke. „Wir können zwar kurz in die Höhe springen, aber nach einer Sekunde fallen wir wieder auf die Erde herab ... äh, also ... normalerweise. Keine Ahnung, warum die Schwerkraft im Moment zu wünschen übrig lässt.“
„Vielleicht ist die Erde geschrumpft?“ Noah stieß sich von der Tafel ab und schlug einen Salto in der Luft. Als großer Science-Fiction-Fan kannte er sich

gut im Weltall aus. „Je leichter ein Himmelskörper, umso geringer die Schwerkraft“, erklärte er. „Auf dem Mars beträgt sie nur ein Drittel und auf dem Mond ein Sechstel.“ Er stieß mit dem Kopf an der Decke an und sank wieder nach unten.

„He.“ Oda drehte eine Schraube in der Luft und schwebte zu Nemo und Fred. „Ich kombiniere: Noah hat doch jede Menge so Weltraum-Spielzeug. Womöglich ist er der Besitzer von Biep!“

„Gute Idee!“ Nemo und Fred stießen sich vom Boden ab und hüpften mit ihr rüber zu Noah, der auf dem Schrank Platz genommen hatte und die Füße baumeln ließ.

„Hast du zufällig einen *Space Robot*?“, fragte Nemo und landete auf einem Tisch.

„Mehrere“, gab Noah an.

Fred schöpfte Hoffnung. „Einen B-Pollo 81 von *Pinclair & Sons*?“

„Pinkler änd Sans?“ Noah schüttelte den Kopf. „Nie gehört.“

Enttäuscht ließ Oda die Schultern hängen.
In dem Moment knackte der Lautsprecher über der Tafel. „*Achtung, Achtung. Hier spricht das Direktorat*“, ertönte die Stimme von Frau Dr. Spargel. Es klang, als würde sie aus weiter Ferne in ihr Mikrofon rufen. Wahrscheinlich saß auch sie nicht wie üblich am Schreibtisch, sondern flog haltlos durch ihr Büro. „*Eine seltsame Schwerelosigkeit hat die Schule ergriffen. Unter diesen Umständen ist es leider unmöglich, weiter Unterricht abzuhalten. Deshalb fällt die Schule bis auf Weiteres …*“
Der Rest des Satzes ging in lautem Gejohle unter. Genauso wie damals beim Yeti, als Frau Dr. Spargel die Schule wegen des plötzlichen Wintereinbruchs mitten im Sommer hatte schließen müssen. Doch diesmal knallten keine Türen und kein lautes Fußgetrappel erfüllte die Gänge. Diesmal war nur das leise Tupfen von Schuhsohlen zu hören, wenn sich jemand vom Boden abstupste.

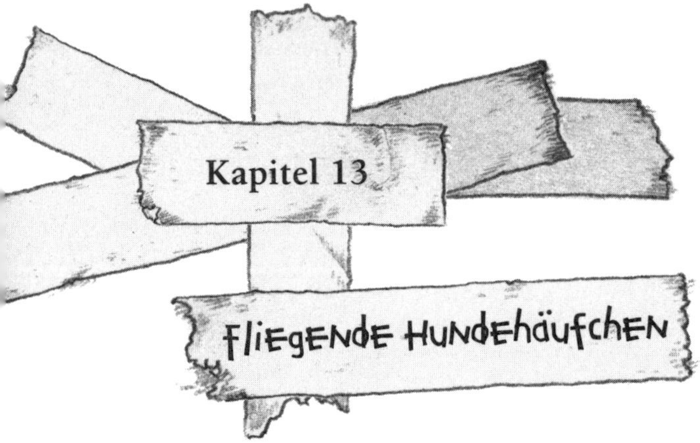

Kapitel 13

Fliegende Hundehäufchen

„Na toll!“ Nemo seufzte, als sie Biep aus dem Keller abholten. Sämtliche Bücher, die sie am Vortag mühevoll eingeräumt hatten, schwebten nun kreuz und quer durch den Raum. Nur die schwersten Exemplare waren in den Regalen geblieben.

Biep saß auf dem Boden und blätterte in einem Dinosaurierbuch. „Pla-Net von Di-Nos be-Wohnt?“ Seine Augen blinkten ängstlich.

„Aber das ist doch hundert Millionen Jahre her.“ Hastig stopfte sich Oda den dicken Wälzer, eine Kinderbibel und ein Lexikon hinter den Latz ihrer

Hose, um wenigstens halbwegs auf dem Boden zu bleiben. Fred packte sich einen Atlas und ein paar „Harry Potter"-Bände in den Schulranzen. Nemo nahm Biep an die kurze Leine und ließ sich von ihm auf dem Boden halten. Der Roboter taugte ganz gut als Anker.

Als sie auf den Schulhof kamen, sprangen überall Schülerinnen und Schüler herum. Wie Kängurus hüpften sie zu den wartenden Autos ihrer Eltern. Ausnahmsweise wurden sie heute mit dem Wagen abgeholt, obwohl in der Stadt ein striktes Fahrverbot galt.

Nur der Bürgermeister fuhr weiter tapfer mit dem Fahrrad. Klingelnd radelte Franz Ach an der Schule vorbei. Über seinem Gepäckträger hing ein Sack Blumenerde, an jeder Lenkerseite baumelte ein Beutel Katzenstreu. Per Megafon rief er die Boringer zu einer Gemeindeversammlung auf: „How-dee-doo, liebe Brüder und Schwestern. Außergewöhnliche Umstände verlangen außergewöhnliche Maßnahmen! Wir versammeln uns in einer Viertelstunde im großen Sitzungssaal des Rathauses. See you!“ Unsicher eierte er um die nächste Ecke.

„Lasst uns gleich rüber zu Herrn Siebzehnrübel gehen“, schlug Nemo vor, „und dort nach dem Rechten sehen.“

„Oder wir nehmen an der Versammlung teil“, entgegnete Fred. „Vielleicht können wir Franz Ach überzeugen, dass bei Herrn Siebzehnrübel etwas nicht stimmt.“

„Okidoki.“ Oda war einverstanden.

Nemo seufzte ergeben. Mit hängenden Schultern trottete er den beiden hinterher.

Als sie kurz darauf am Rathaus ankamen, stand Franz Ach bereits vor dem Tor und begrüßte jeden persönlich. Nur ihren Roboter-Hund ließ er nicht in den Saal. Zum Trost bot er an, Biep eine Schale Wasser zu holen.

„Lieber nicht“, sagte Nemo eilig, als Bieps Augen panisch zu flackern begannen.

„Was-Ser?“ Der Kopf des Roboter-Hundes fing an

zu rotieren. Biep riss sich los, rannte planlos davon und prallte unsanft gegen eine niedrige Mauer.
„Dis-Co!"
Franz Ach rieb sich die Augen. „Was ist das denn für ein verrückter Hund?"
„Das? Och ..." Oda fing Biep wieder ein. „Das ist ein langhaariger Papageien-Dackel, auch dackeliger Langhaar-Papagei genannt. Die heißen so, weil sie ein paar Worte auswendig lernen können."
„Alright, Mann." Franz Ach rümpfte skeptisch die Nase.
Nemo zwinkerte Oda nervös zu. „Wolltest du nicht mit ihm Gassi gehen?"
„Wollte ich?", fragte Oda unwillig.
Nemo nickte eifrig.
„Na dann!" Grummelnd zog Oda mit Biep davon. „Man sieht sich!"
Nemo und Fred folgten Franz Ach ins Rathaus. Sie hüpften die breite Treppe nach oben und schwebten in den prunkvollen Sitzungssaal.

Nemo pfiff leise durch die Zähne. Die hohe Decke war mit goldenem Stuck verziert und an den holzvertäfelten Wänden hingen riesige Gemälde. Sie zeigten Porträts aller bisherigen Bürgermeister. Nemo fiel auf, dass keine einzige Frau darunter war. Das hätte Oda sicher missfallen! Vom Fenster aus konnte er sehen, wie sie mit Biep die Gasse zur Schule hinunterzuckelte.

„Ist das der Vater von Herrn Siebzehnrübel?“, hörte er Fred fragen. Nemo drehte sich zu ihm um. Fred stand vor einem Gemälde, das einen Herrn in wild gemustertem Hemd und spitzem Kragen zeigte, mit vollem Haupthaar und dicken Koteletten. Fred hatte recht. Der Mann auf dem Porträt ähnelte Herrn Siebzehnrübel – und der einzigen Farbfotografie in dessen Laden.

„Ich wusste gar nicht, dass sein Vater Bürgermeister war“, wunderte sich Nemo, als in dem Moment Franz Ach die Sitzung mit dem Klopfen eines Hämmerchens eröffnete.

Der Saal war jetzt gerappelt voll und bot einen

lustigen Anblick. Die Boringer trugen schwere Jacken und Mäntel und hatten ihre Taschen mit Steinen gefüllt. Ihre Halstücher und Handtaschen standen wie Fahnen in die Luft, ihre Haare waberten wie unter Wasser.

Nemo und Fred setzten sich auf zwei Stühle in der vorletzten Reihe und klammerten sich an den Sitzflächen fest. Die Stuhlbeine waren zum Glück im Boden verankert.

Zwei Reihen vor ihnen entdeckte Nemo seine Eltern. Seine Mutter reichte eine Rolle Klebeband durch die Reihen, damit sich diejenigen festbinden konnten, die weder Gürtel noch Schnur dabeihatten.

In der ersten Reihe saß Herr Kriegelstein, der Besitzer der Boringer Fahrradmanufaktur, flankiert vom Zahnarzt und von der Schuldirektorin. Während Dr. Löcherl, der eine bleischwere Röntgenschürze trug, schwerfällig auf seinen Stuhl plumpste, hatte Frau Dr. Spargel Schwierigkeiten, sich mit ihrem flatternden

Fledermauskleid zu setzen. Herr Ölmez, der ehemalige Bürgermeister, eilte ihr zu Hilfe. Er zog sie auf ihren Platz und setzte sich neben sie. Der neue Bürgermeister, Franz Ach, thronte etwas erhöht hinter einem schweren Tisch.

Noch bevor die Sitzung richtig begonnen hatte, meldete sich Fred, um das Verschwinden des Spielwarenhändlers mit auf die Tagesordnung zu setzen. Aber bis auf den Friseur waren alle dagegen.

„Der wird schon wiederkommen", beschwichtigte Herr Lieblich, der Chefredakteur des Boringer Boten. „Schließlich beginnt am Samstag die Ausstellung in seinem Laden."

„Genau! Boring hat jetzt andere Probleme", rief ein Mann in Reihe drei und alle im Saal stimmten ihm zu. Sie empörten sich über die zunehmende Schwerelosigkeit und forderten den Bürgermeister auf, sofort etwas dagegen zu tun.

„Meine Eiskugeln fliegen davon", jammerte Claudio, der Eisdielen-Besitzer.

„Genauso wie unsere Schnitzel und Pommes“, klagte der Wirt vom Hotel Krone.
„Und die Sesamkringel im Café Kandis“, beschwerte sich Herr Ölmez, der nichts mehr liebte, als dort jeden Morgen zu frühstücken.
Dr. Löcherl, der neben seinem Beruf als Zahnarzt auch ein passionierter Jäger war, regte sich auf, weil die Rehe plötzlich davonsprangen wie Grashüpfer.
„Ich fühl mich eigentlich ganz wohl“, sagte dagegen eine ältere Dame, „aber weder mein Hund noch seine Häufchen bleiben auf dem Bürgersteig.“
„Iiiiih!“, rief der Saal wie aus einem Mund.
Hundehäufchen waren eh schon ein Problem.
Wenn sie jetzt auch noch herumflogen ... Herr Fekt verzog angeekelt das Gesicht. Der Friseur machte sich Sorgen, weil allen Menschen neuerdings die Haare zu Berge standen. „Wie soll man denn da einen vernünftigen Haarschnitt hinkriegen?“

Nemos Mutter beruhigte ihn: „Ich bin eigentlich ganz froh, dass meine Haare endlich ein bisschen mehr Volumen haben."
Das war der Startschuss. Jetzt meldeten sich die, die durchaus auch Vorteile in der Schwerelosigkeit sahen.
„Also ich finde das Phänomen super", meldete sich Hubsi Hubert zu Wort. „Für morgen plane ich eine Sendung zum Thema: Trampolinspringen *ohne* Trampolin. Bockspringen und Hürdenlaufen machen jetzt auch viel mehr Spaß. Und erst der Stabhochsprung!"
„Uh ja!" Herrn Kriegelsteins Glubschaugen begannen zu leuchten. „Es wär doch gelacht, wenn man aus der Situation nicht Profit schlagen könnte. Ich biete angstfreie Bungee-Sprünge an. Oder Tennis für Leute mit lahmen Reflexen." Er sah seine Sitznachbarin an. „Wo haben Sie eigentlich dieses Flatter-Kleid her? Das wäre ein prima Wingsuit! Man könnte damit durch die Straßen fliegen. Boring wird dreidimensional!"

„Aber was wird aus meiner Eisdiele?“, fing Claudio von vorne an.
Auf einmal ging alles durcheinander. Die Boringer spalteten sich in zwei Lager und redeten laut aufeinander ein.
„Peace, man! Leute, reißt euch ein bisschen zusammen.“ Franz Ach klopfte mit seinem Hämmerchen auf den Tisch. Als er es zu schwungvoll wieder ablegte, flog es davon. „Die Frage ist doch: Wo kommt diese seltsame Schwerelosigkeit her? Ist irgendwem in letzter Zeit etwas Ungewöhnliches aufgefallen?“
Herr Pinkowski meldete sich.
Oh, nein!, dachte Nemo. Er wird doch nicht ...
Aber sein Vater tat es. „Am Montag war ich spätnachts noch joggen“, fing er an. „Und da habe ich vor dem Spielwarenladen einen großen rosafarbenen Hasen gesehen.“
Einige Leute lachten.
Irritiert sah Herr Pinkowski sich um. „Vielleicht hat der was mit der Sache zu tun!“

Plötzlich waren die Boringer wieder vereint. Der ganze Saal grölte.
Nemo schämte sich. Er war froh, als Franz Ach sein Hämmerchen wieder einfing und die Sitzung für beendet erklärte.

„Keiner glaubt, dass Herrn Siebzehnrübel etwas passiert ist", berichtete Fred geknickt, als sie Oda und Biep vor dem Rathaus wiedertrafen.
„Von wegen!" Oda schnaubte. „Biep und ich haben schon wieder zwei Puzzleteilchen gefunden. Das hat ganz sicher was mit Herrn Siebzehnrübels Verschwinden zu tun! Schließlich hat er gerne gepuzzelt." Sie reichte Fred die zwei Teilchen, die ebenso rot waren wie diejenigen, die er entdeckt hatte.
Fred nahm sie entgegen und verstaute sie in seiner Zahnspangenschachtel. „Oje. Der Arme!", seufzte er sorgenvoll. „Was ist nur mit ihm passiert?"
„Guckt mal." Nemo deutete rüber zum

Spielwarenladen, an dessen roter Ladentür auf einmal ein Schild hing.

„Bin ver-Eist?“, las Biep laut vor, als sie näher kamen.

„Bin ver-reist“, korrigierte Oda.

Fred seufzte erleichtert. „Das beruhigt mich.“

„Mich nicht!“, zischte Nemo. „Das Schild hing heute Morgen noch nicht da.“

Oda kombinierte: „Also muss es jemand dort hingehängt haben. Jemand, der verheimlichen will, dass Herr Siebzehnrübel verschwunden ist!“

„Ach du heiliger Bimbam!“, hauchte Fred schockiert.

Alarmiert sahen die Freunde sich an. Es stand außer Frage: Der Spielwarenhändler war in großer Gefahr. In *aller*größter Gefahr.

Würstchensuppe mit Linsen

Herr Siebzehnrübel gluckste vor Lachen. Zusammen mit Pinky versuchte er, die kleinen Sushi-Stückchen einzufangen, die ihm der rosafarbene Hase vorbeigebracht hatte. Zwar hatte sich das überlebensgroße Karnickel extra einen Bleigürtel, wie man ihn beim Tauchen benutzte, um die Hüften gebunden, und auch einen Deckel über den Teller mit den leckeren japanischen Häppchen gestülpt, doch sobald Herr Siebzehnrübel diesen gelüftet hatte, waren die kleinen Biester davongeflogen.
Der Spielwarenhändler stupste sich von der Tischplatte ab und hechtete einem Nigiri mit Eierstich hinterher. Dabei geriet er in einen

kleinen Maki-Schauer. Geschickt fing er ein Avocado- und ein Gurken-Maki ein und stopfte sich diese in den Mund.
„Mhm. Sehr lecker“, bedankte er sich bei seinem Entführer, der mit einem Kescher auf der Jagd nach frittiertem Tofu war.
Der Hase nickte ihm freundlich zu. Er schien froh zu sein, dass es Herrn Siebzehnrübel besser ging.
„Und falls der Traum noch länger andauert“, sagte der Spielwarenhändler schmatzend, „wünsche ich mir fürs nächste Mal eine Linsensuppe mit Würstchen. Oder nein, noch besser: eine Würstchensuppe mit Linsen.“

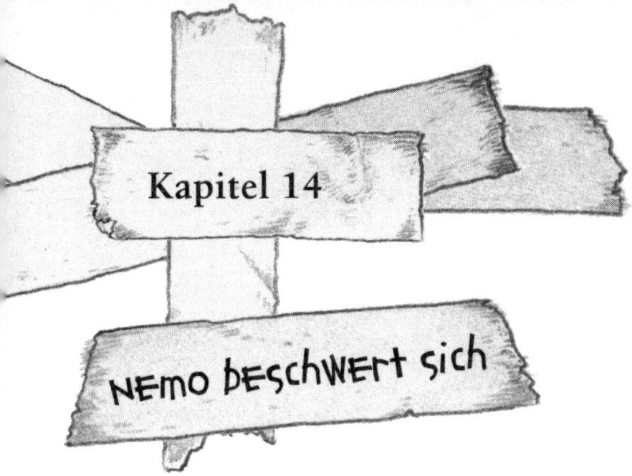

Am Freitagmorgen erwachte Nemo von einem Quietschen.

Kurz dachte er, er träume noch, denn Biep stakste an der Zimmerdecke herum und sah auf ihn herunter. Aber schnell wurde Nemo klar, dass es genau umgekehrt war: *Er* klebte an der Zimmerdecke und Biep sah zu ihm hoch.

„Oh. Erd-Ling wie-Der an? Biep hat sich Sor-Gen ge-Macht."

„Guten Morgen, Biep." Nemo blinzelte ein paar Mal, um sich zu orientieren. Überall in seinem Zimmer flogen Comics und Schulhefte herum,

Klamotten und Spielsachen schwebten schwerelos durch den Raum.
„Batte-Rie wie-Der voll?", erkundigte sich Biep.
„Ja … äh, nein", sagte Nemo. „Erdlinge haben keine Batterie." Er stieß sich an der Zimmerdecke ab und zog sich an den Brettern seines Bücherregals nach unten. Unterwegs stopfte er sich einen Briefbeschwerer und den Felsbrocken mit dem versteinerten Seeigel in die Taschen seiner Schlafanzughose.
„Kei-Ne Batte-Rie?" Verwundert klimperte Biep mit den Augen. „Wo-Her bekom-Men Erdlin-Ge Ener-Gie?"
„Von Schokomüsli zum Beispiel."
Sobald Nemo wieder festen Boden unter den Füßen hatte, band er sich mit dem Judogürtel noch ein paar Bücher um den Leib. So ausgerüstet ergriff er den Türrahmen und zog sich aus dem Zimmer.
Als er in die Wohnküche kam, erschrak er. Seine Eltern standen mit gepackten Koffern im Flur.

„Wollt ihr verreisen?“
„Ohne dich?“ Seine Mutter stand vor dem Spiegel und betrachtete zufrieden ihre fluffig aufgebauschte Frisur. „Wie kommst du denn darauf?“
„Na, wegen den Koffern.“
„Ach, die sind nur Ballast.“ Sein Vater öffnete die Tür. „Übrigens, die Schule hat angerufen. Du hast heute frei! Wie wär's, wenn du dafür ein bisschen aufräumst und die leeren Blubb-Brause-Flaschen in den Supermarkt bringst?“
„Klaro! Mach ich.“ Nemo sah seinen Eltern hinterher. Trotz der schweren Koffer hüpften sie wie Marionetten, die an unsichtbaren Fäden hingen. Kaum waren sie hinter dem großen Werbeplakat verschwunden, hangelte sich Nemo zum Telefon und wählte Freds Nummer.
„Schon gehört?“, fragte er. „Die Schule fällt aus! Weißt du, was das bedeutet?“
„Dass wir Aufgaben für zu Hause aufbekommen haben?“

„Nein, dass wir nun Zeit haben, die Sache selbst in die Hand zu nehmen."
Fred klang verwirrt. „Du willst selbst unterrichten?"
„Um Himmels willen, Fred!" Nemo stöhnte. Manchmal war sein Freund wirklich begriffsstutzig! „Nein, wir machen uns *selbst* auf die Suche nach Herrn Siebzehnrübel. Sicher weiß er, wem Biep gehört. Wahrscheinlich wurde er genau deshalb gekidnappt. Damit wir ihn nicht danach fragen können."
„*Ge-kid-nappt*?" Fred klang beinahe wie Biep. „Ach du heiliger Bimbam!"
„Wir treffen uns um Viertel nach zehn vor dem Spielwarenladen." Nemo legte auf, bevor Fred widersprechen konnte. Dann hob er erneut ab und rief Oda an.
„Hallo Nemo", begrüßte sie ihn. „Schon gehört? Die Schule fällt aus!"
„Jep! Und ich weiß auch, was wir stattdessen machen."

„Wir gehen zum Spielwarenladen und suchen nach Hinweisen?“
„Woher weißt du das? Hast du mit Fred gesprochen?“
„Nein, aber ist doch klar. Endlich haben wir Zeit, die Sache selbst in die Hand zu nehmen.“
Nemo stutzte. Konnte Oda Gedanken lesen?
„Vorher sollten wir uns aber unbedingt noch beschweren“, sagte sie.
„Worüber?“
Oda lachte. „Mit Gewichten! Damit wir uns leichter bewegen können.“
„Ach so.“ Nemo hätte sich ohrfeigen können. Er war ja noch begriffsstutziger als Fred!

Nemo stand im Garten und sah sich unauffällig um. Er hatte sich die Küchenschürze seines Vaters umgebunden und in den Taschen mehrere leere Blubb-Brause-Flaschen verstaut.
„Die befüllen wir jetzt mit Sand“, erklärte er Biep, während dieser ihn durch das enge Loch im

Gartenzaun zog. Hoffentlich sah sie niemand! Nemo hatte es nicht mehr geschafft, den Roboter als Hund zu verkleiden. Der Flokati war einfach zu leicht. Ständig flog er davon.
„Erd-Ling trinkt Sand?“, fragte der kleine Roboter interessiert.
„Nein, wir benutzen ihn als Ballast.“
„Ball-Ast?“
„Zum Beschweren“, erklärte Nemo. Er landete in Maries Sandkasten und wirbelte eine gewaltige Staubwolke auf. Die Sandkörnchen stießen zusammen, verklumpten und sanken wieder zu Boden. Nemo grapschte sich ein paar Brocken aus der Luft und presste sie in den Flaschenhals. Puh! Das war mühsam. Erst nachdem er vier Flaschen gefüllt und in seinen Taschen verstaut hatte, spürte er, wie der Auftrieb nachließ. Endlich!
„He! Was machst'n du da?“
Mist! Nemo sah zum Haus. Marie schwebte hinter der gekippten Terrassentür und drückte ihr Näschen platt. „Ich hab gesagt, du darfst nicht

mehr in meinem Sandkasten spielen! Das ist mein Sand! Lass den gefälligst hier."
Hastig füllte Nemo die letzte Flasche. Er steckte sie in seine Schürze und richtete sich auf. Schon hörte er die Terrassentür aufschnappen. Marie stürzte heraus und richtete eine Wasserpistole auf sie.
„Nicht!" Nemo stellte sich schützend vor Biep. Aber es war zu spät! Der kleine Roboter erschrak zu Tode, als sich eine Wasserkugel aus dem Lauf der Pistole löste und auf sie zuwaberte.
„Hil-Fe! Mini-erd-Ling greift an!" Mit blinkenden Augen und rudernden Armen rannte Biep davon. Im selben Augenblick fegte eine Windböe durch den Garten. Sie hob Marie vom Boden und wehte sie in das Geäst eines Baums.
„Dis-Co!"
Mit Vollkaracho knallte Biep gegen den Stamm. Marie plumpste herunter wie eine reife Pflaume. Richtung Trampolin.
„Oh-oh!" Nemo ahnte nichts Gutes.

Kapitel 15

Einbruch mit Bratpfanne

„Sie ist bestimmt zehn Meter hoch geflogen“, erzählte Nemo, als er sich kurz darauf mit seinen Freunden in der kleinen Gasse neben dem Spielwarenladen traf. Fred hatte sich den Werkzeuggürtel seines Vaters umgebunden, Oda trug den Bademantel ihrer Mutter und hatte sich die Taschen voller Cremedöschen *Matt & Glatt* gestopft.

„Zuerst hab ich gedacht, das war’s“, sagte Nemo. „Ich bin die Göre ein für alle Mal los. Aber dann ist sie ganz sanft gesunken und in immer kleineren Bögen durch den Garten gehüpft.“

„Puh!“ Fred atmete lautstark aus. „Da hattest du ganz schön Dusel.“
„Dusel?“ Oda nahm ihre Brille ab.
„Glück“, übersetzte Fred.
„Ach so.“ Oda hauchte auf die Brillengläser und putzte sie mit einem Zipfel ihres Bademantels sauber. Nemo fand, dass sie mal wieder bezaubernd aussah. Ohne Brille hatte Oda einen leichten Silberblick.
„Di-dü, di-dü …“ Biep schien Nemos schnelleren Puls sofort zu registrieren.
„Okay.“ Eilig ging Nemo zur Haustür und klingelte, bevor Biep mit der Analyse seiner Gefühle beginnen konnte. Er drückte mehrfach auf den Knopf, aber wie erwartet machte niemand auf.
„Wir könnten versuchen, die Tür mit einer Bankkarte zu öffnen“, schlug Oda vor. „Das habe ich mal im Fernsehen gesehen.“
Fred sah sie erstaunt an. „Hast du denn eine?“
„Ich hab eine Karte vom Optiker, wo meine

Dioptrien draufstehen." Oda setzte ihre Brille wieder auf und kramte in ihren Taschen. „Aber leider nicht im Bademantel", sagte sie zerknirscht. Fred sah das Werkzeug in seinem Gürtel durch. „Vielleicht hab ich was Passendes dabei?"
„Oder Biep." Nemo öffnete die Brustklappen des Roboters und sah nach. Aber bis auf eine Ersatzbatterie und einen Schraubenzieher war nichts Brauchbares vorhanden.
Oda deutete zu dem kleinen Fenster in etwa drei Metern Höhe, das zur Toilette hinter dem Verkaufsraum führte. „Wir könnten wieder durchs Klofenster klettern. Soweit ich mich erinnere, gab es zwischen Laden und Wohnung eine Verbindungstür."
„Gute Idee!", sagte Nemo und bedachte Oda mit einem Grinsen. Das hatten sie schon einmal gemacht, auf der Suche nach dem Besitzer des Yetis. Er legte seinen Kopf in den Nacken und sah an der Hauswand hoch. „Moment mal! Da oben steht noch ein Fenster offen."

„A-ha!" Oda zückte ihr Notizbuch. „Das ist ein weiterer Beweis dafür, dass Herr Siebzehnrübel gar nicht im Urlaub ist. Sonst hätte er das Fenster bestimmt zugemacht."
Fred runzelte die Stirn. „Aber wie wollt ihr da hochkommen?"
„Na, wir werfen Ballast ab." Nemo zog die Sandflaschen aus seiner Schürze und stellte sie auf dem Boden ab. Er ging in die Knie und sprang aus dem Stand auf das schmale Vordach über der Tür. Von dort aus hüpfte er auf die Fensterbank und kletterte in die Wohnung.
„Di-dü, di-dü." Interessiert stellte Biep fest: „Erdlin-Ge betre-Ten Behau-Sung ü-Ber Loch in Wand."
„Na gut." Fred legte seinen Werkzeuggürtel ab und nahm etwas Anlauf. Mit einem Affenzahn raste er auf die Hauswand zu, als wolle er durch die Mauer brechen. Doch dann lief er sie senkrecht nach oben und ergriff die Hand, die Nemo ihm entgegenstreckte.

„Gut gemacht!“ Nemo zog seinen Freund ins Haus und klopfte ihm anerkennend auf die Schulter.
Oda rief zu ihnen hoch: „Jetzt werft ein Seil oder so was herunter, damit ich Biep festbinden kann.“
„Klaro!“ Nemo und Fred sahen sich um. Offenbar waren sie in der Küche des Spielwarenhändlers gelandet. An der Wand neben dem Fenster schwebten ein paar Küchenhandtücher an ihren Haken. Nemo knotete sie aneinander, wickelte sie um einen gusseisernen Topf und beugte sich aus dem Fenster: „Achtung! Ich werfe.“
Oda trat einen Schritt zurück. Sanft landete das Bündel vor ihren Füßen. „Was soll denn das?“, rief sie verwirrt „Du solltest ein Ende behalten, damit du Biep hochziehen kannst.“
„Oh ... Mist! Na klar.“ Nemo lachte peinlich berührt.
„*Di-dü, di-dü.* Logi-Sches Den-Ken bei männli-Chem Erd-Ling ge-Ring ausge-Prägt“, stellte Biep fest.

Nemo sah sich erneut um. Er zog ein paar Schubladen auf und fand eine Wäscheleine. Diesmal nutzte er eine Pfanne als Anker und behielt ein Ende der Schnur in der Hand, während Oda das andere Ende um Bieps Oberkörper knüpfte.
Plötzlich erklang ein Pfeifen.
„Beeilt euch!“, zischte Fred. „Da kommt jemand!“
Hastig ließ Oda den Bademantel von den Schultern gleiten und hüpfte ein paarmal auf und ab, bis sie die Höhe des Fensters erreicht hatte. Nemo und Fred packten sie bei den Händen und zogen sie in die Wohnung. Gemeinsam zerrten sie Biep hinterher. Der kleine Roboter baumelte noch halb aus dem Fenster, als Frau Ücke pfeifend um die Ecke bog. Die schweren Posttaschen schienen ihr heute nichts auszumachen. Im Gegenteil: Sie hielten sie auf dem Boden.
„Was ist denn hier los?“ Überrascht betrachtete Frau Ücke die vielen Gegenstände vor Herrn Siebzehnrübels Tür: Freds Werkzeuggürtel, den

Topf mit den verknoteten Küchentüchern, die Pfanne, den Bademantel und die sandgefüllten Blubb-Brause-Flaschen. Nachdenklich stopfte sie Herrn Siebzehnrübels Post in den überquellenden Briefkasten.

Oda zückte erneut ihr Notizbuch. „Auch das spricht gegen die Urlaubs-Theorie“, flüsterte sie den anderen zu. „Herr Siebzehnrübel hat niemanden gebeten, seinen Briefkasten zu leeren. Kein Nachsendeantrag! Nicht einmal das Abo des Boringer Boten hat er abbestellt. Also los!“ Sie drehte sich zur Küche um. „Suchen wir nach Hinweisen, wo er stecken könnte.“

„Peeer-Fekt!“ Biep schien der gleichen Meinung zu sein. Erschrocken zog Nemo ihn endgültig durchs Fenster und hielt ihm den Lautsprecher zu. Vorsichtig linste er nach unten, um zu sehen, ob Frau Ücke sie bemerkt hatte. Aber die Postbotin hatte nur Augen für den Friseur, der in dem Moment um die Ecke kam. Abgesehen von ihnen schien er der Einzige zu sein, der sich ebenfalls

Gedanken um den Verbleib des Spielwarenhändlers machte.
„Ist Herr Siebzehnrübel immer noch nicht da?“, fragte er besorgt und drückte die Klingel. Im Flur hinter den Kindern läutete es.
„Leider nein.“ Frau Ücke schüttelte bedauernd den Kopf. „Aber ich glaube, er war hier.“ Sie deutete auf die Sachen am Boden. „Sieht so aus, als hätte er einen Flohmarkt gemacht.“
„Einen Flohmarkt?“ Der Friseur kratzte sich verwundert am Kopf. „Na ja, solange er meine Sammlung nicht verscherbelt. Die ist nämlich ganz schön viel wert!“
Fred kicherte. „Übertreibt er da nicht ein bisschen? Für die Kritzeleien zahlt doch keiner einen Pfifferling.“
„Pssst!“ Nemo legte einen Finger an die Lippen und lauschte den Stimmen, die sich langsam entfernten.
„Bis zur Ausstellungseröffnung ist Herr Siebzehnrübel sicher wieder da“, sagte Frau Ücke.

„Apropos: Könnten Sie mir vielleicht vorher noch ein paar Strähnchen färben?“
„Gerne“, sagte der Friseur. „Ich schieb Sie heute Nachmittag einfach dazwischen.“
„Wie nett von Ihnen!“, freute sich die Postbotin. „Dafür lade ich Sie nach Feierabend zu einem Picknick ein. Ich kenne da eine schöne Stelle am Fluss.“
„Oh!“ Die Stimme von Herrn Fekt klang freudig überrascht. „Ich könnte ein paar Frühlingsrollen vom Sushi-Laden mitbringen. Übrigens haben Sie sehr hübsche Sommersprossen.“
„Di-dü, di-dü.“ Die Augen des Roboters begannen zu leuchten. Nemo stöhnte. Nicht schon wieder eine gefühlsduselige Analyse!
Aber Biep analysierte etwas ganz anderes. Quietschend näherte er sich dem kleinen Tisch in der Küchenmitte und schnurrte: „Glas halb-Voll, Brot angebis-Sen. Sta-Tus: Auf-Bruch über-Stürzt!“

Kapitel 16

In Herrn Siebzehnrübels Küche

„Ich sag's ja!", rief Nemo. „Herr Siebzehnrübel wurde entführt! Wer sonst lässt mitten im Abendessen alles stehen und liegen und haut einfach ab?"

Gemeinsam umkreisten sie den Küchentisch, der so aussah, als ob der Spielwarenhändler eben noch an ihm gesessen hätte. Über einem Teller flog ein angebissenes Zwiebelbrot mit Camembert. In einem hohen Glas waberte eine Kugel Rotwein. Und in einem Schraubglas tanzten vier Gewürzgurken wie gefangene Glühwürmchen. Zwischen der altmodischen Lampe und der

Tischplatte schwebte ein fertiges Puzzle, als sei es ein fliegender Teppich. Es zeigte zwei Delfine, die nebeneinander aus dem Meer sprangen.
Aufgeregt griff Fred in seine Hosentasche, kramte seine Zahnspangenschachtel heraus und öffnete sie. Sofort schwirrten die vier roten Puzzleteilchen heraus, die sie in der Stadt gefunden hatten.
„Unsere Teilchen scheinen nicht zu diesem Puzzle zu gehören“, sagte er enttäuscht.
„Wie auch?“, fragte Nemo. „Das Delfin-Puzzle ist ja vollständig. Sieht so aus, als ob Herr Siebzehnrübel zu Abend gegessen und es dabei fertig gemacht hätte.“
„O-Ha!“ Biep wunderte sich. „Erdlin-Ge zerschnei-Den Bil-Der und set-Zen sie wie-Der zusam-Men? Verhal-Ten äu-ßerst merkwür-Dig.“
„Stimmt, das ist ein bisschen verrückt“, gab Oda zu. „Aber es macht echt Spaß!“ Sie versuchte, die neuen Informationen in ihr Notizbuch zu schreiben, was ihr nicht richtig gelang, weil sie immer wieder die Bodenhaftung verlor. Seufzend

steckte sie es weg. „Jedenfalls sollte ein Detektiv keine voreiligen Schlüsse ziehen“, mahnte sie. „Alles, was wir wissen, ist, dass Herr Siebzehnrübel beim Abendessen unterbrochen wurde.“

Fred fing die roten Puzzleteilchen wieder ein. „Vielleicht ist er in den Laden gegangen, um sich ein neues Puzzle zu holen. Schließlich war er mit dem alten fertig.“

„Das kann gut sein!“, rief Nemo, als es plötzlich miaute.

Oda sah ihn erstaunt an. „Hat Herr Siebzehnrübel eine Katze?“

Jetzt bellte ein Hund. „*Und* einen Hund?“

Fred schüttelte den Kopf. „Nein. Das sind unsere Handys.“

Nemo und Fred fischten ihre Mobiltelefone aus den Hosentaschen und hoben ab. Ihre Väter waren dran und fragten, ob sie später mit zum Angeln gehen wollten. Oda erkannte die tiefe Stimme von Herr Pinkowski wieder: „Auf TV Kabeljau sagen sie, dass die Bedingungen ideal sind. Durch die veränderte Schwerkraft springen einem die Fische förmlich entgegen."

„Wir gehen auf Wels", tönte die Stimme von Freds Vater aus dem anderen Telefon. „Ich zeig dir, wie man Regenwürmer findet und auf Angelhaken spießt."

„Äh, klingt dufte!", sagte Fred wenig glaubwürdig. „Aber ich hab leider keine Zeit."

„Musst du deiner Großmutter schon wieder beim Backen helfen?" Herr Koch schnaubte verächtlich. Freds Vater schätzte es nicht besonders, wenn sein Sohn Hobbys hatte, die nichts mit Frieren oder Dreck zu tun hatten – seiner Vorstellung von Männlichkeit.

„Nein", sagte Fred trotzig: „Ich übernachte bei Nemo und helfe ihm beim Holzhacken."

Oda kicherte. Nemo erzählte seinem Vater, dass er bei Fred übernachten wollte.

„Aber nehmt euch vor dem Hasen in Acht", warnte Herr Pinkowski.

„Machen wir!“, versprach Nemo, obwohl er bezweifelte, dass es den Hasen überhaupt gab. Der Geisteszustand seines Vaters machte ihm immer noch Sorgen. Hoffentlich passte Freds Vater gut auf ihn auf.

Kaum hatte er aufgelegt, quakte ein Frosch.

Nemo sah Oda an. „Deine Eltern?“

„Nein.“ Oda schüttelte den Kopf. „Die haben einen Vogel.“

„Wie bitte?“ Diesmal kicherte Fred.

„Na, bei denen piept's ... also ihr Klingelton! Das Quaken ist Bernadette.“ Oda hob ab. Die Stimme ihres französischen Au-pair-Mädchens klang schrill: „Na endlisch, chérie! Das bin isch, Bernadette. Du bist wo?“

„Bei einem Freund.“ Oda schielte zu Nemo.

„Oh, là, là!“ Bernadette schnalzte mit der Zunge.

Genervt rollte Oda die Augen. „Was gibt's?“

„Isch wollt disch fragen was: Dein Eltern sind eingöladen diese Abend bei Bobbi Schimmer sum Essen.“

„Hallo Schnecki!", rief Odas Mutter aus dem Hintergrund. Kurz huschte ein Lächeln über Odas Gesicht.

„Und isch bin auf eine Schwerelös-Party. Deshalb isch wollte disch fragen, ob du vielleischt kannst essen su Abend bei jemand anderes?"

„Kein Problem", knurrte Oda und legte auf.

„Di-dü, di-dü." Biep legte ihr mitfühlend einen Schlaucharm auf die Hand. „Weiblich-Er Erd-Ling sagt Gegen-Teil von dem, was sie Fühlt. Sta-Tus: Ver-Wirrt."

„Ja", rief Fred. „Warum bist du so schlecht gelaunt? Das passt doch prima!"

„Ist doch klar!" Nemo eilte Oda zu Hilfe. „Unsere Eltern rufen an, damit wir was mit ihnen unternehmen. Und Odas, damit sie wegbleibt."

Oda sah ihn dankbar an. Eine kugelige Träne verließ ihr Auge und eierte durch den Raum. Nemo hüpfte zu Oda rüber und nahm sie kurz in den Arm. Komischerweise war er diesmal kein bisschen aufgeregt.

„Entschuldige“, murmelte Fred.
„Schon okay.“ Oda löste sich von Nemo und straffte ihre Schultern. „Es gibt Wichtigeres im Moment“, sagte sie mit fester Stimme. „Herr Siebzehnrübel braucht unsere Hilfe. Lasst uns nach unten gehen und im Laden nach Hinweisen suchen.“
„Bingo-Bongo.“ Fred hopste wie ein Balletttänzer zum Fenster.
„Wo willst du hin?“, rief Nemo ihm hinterher.
„Na, zurück auf die Gasse.“ Fred drehte sich um und grinste schief. „Ich hab gedacht, wir springen nach unten, drücken uns vom Boden ab und hechten durchs Klofenster.“
Nemo öffnete die Küchentür.
„Oder wir nehmen die Treppe.“

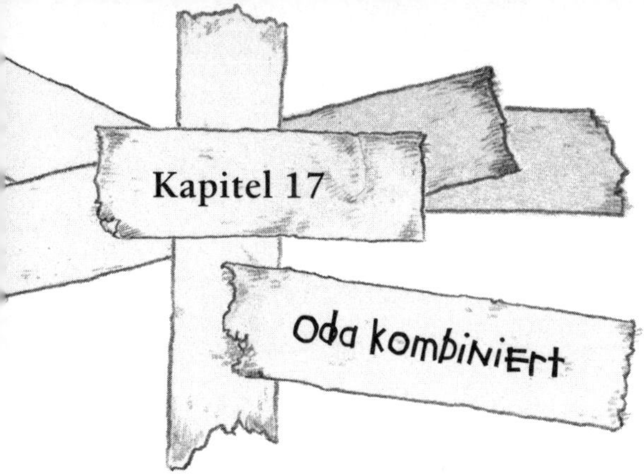

Leise zog Nemo die Schiebetür auf, die Herrn Siebzehnrübels Wohnbereich vom Laden trennte. Vorsichtig spähte er rüber zum Schaufenster und versicherte sich, dass niemand hereinsah. Schließlich war helllichter Tag und der Marktplatz voller Menschen.
Aber keiner der Boringer, die mit ausladenden Schritten vorüberfederten wie Strauße, schenkte dem Spielwarenladen große Beachtung.
Beruhigt hopste Nemo in den Verkaufsraum und winkte seine Freunde hinter sich her. Oda und Fred, die Biep die Treppe hinuntergetragen hatten,

stellten den kleinen Roboter zurück auf seine Füße und sahen sich staunend um.
Die raumhohen Regale – normalerweise vollgestopft mit unzähligen Spielsachen – waren halbleer. Da die Schwerkraft so nachgelassen hatte, reichte ein Lufthauch, um die leichteren Gegenstände aus ihren Regalfächern zu wehen. Stickeralben tanzten mit Kasperlepuppen, Filzstifte, Federbälle und Radiergummis wirbelten umeinander wie von unsichtbarer Hand jongliert; ein Springseil schlängelte sich um einen Pappritterhelm, ein Teddybär trudelte wie ein Astronaut durch den Raum. Sacht sank er zu Boden, stupste kurz auf und flog wieder weiter. An einem Kleiderständer wehten Kostüme wie Seegras im Meer.
„Ups!" Nemo erschrak, als ein knallgrüner Scherzhammer lautlos wie ein Raumschiff an ihnen vorüberglitt. Der Hammer kollidierte mit der alten Registrierkasse, machte kurz *Oink* und kehrte wieder um.

Hinter der Kasse sah Nemo die drei Fotos mit Herrn Siebzehnrübels Vorfahren schief an ihren Nägeln hängen. Auf dem einzigen Farbbild erkannte er den Mann vom Ölgemälde im Rathaus wieder – Herrn Siebzehnrübels Vater, der wie schon sein Großvater und Urgroßvater den Laden geführt hatte.
„Ich seh mich mal hinten um." Nemo schlich Richtung Hinterzimmer, wo Herr Siebzehnrübel die Kuscheltiere und Actionfiguren aufbewahrte.
„Di-dü, di-dü!" Bieps Gepiepe hielt ihn auf. Der kleine Roboter deutete mit seinem Schlaucharm auf einen Schachteldeckel, der in der Nähe des Kleiderständers schwebte. Auf dem Deckel des 1000-Teile-Puzzles war das Bild eines feuerspeienden Vulkankraters zu sehen. „Ro-Te La-va ent-Spricht ex-Akt farb-Ton der Vier Puzzle-Tei-Le."
„Stimmt!" Fred fischte den Deckel aus der Luft. Interessiert betrachtete er die glutrot brodelnde Lava. „Das ist das Puzzle zu unseren Teilen!"

„Aber wo ist der Rest der Schachtel?“ Suchend sah Oda sich um. „Der Boden und die 1000 Teile?“
„Eigentlich sind es nur noch 996“, korrigierte Nemo spitzfindig. „Vier liegen ja in Freds Zahnspangenbox.“
„Ge-Nau genom-Men Achthun-Dert Dreiundzwan-Zig!“ Biep deutete an die Zimmerdecke.
Den Freunden entfuhr gleichzeitig ein „Wow!“. Über ihren Köpfen schwebte eine riesige Wolke aus Puzzleteilen. In ihrer Mitte klaffte ein großes Loch.
„Lustig!“ Fred kicherte. „Das sieht ja aus wie beim Plätzchenausstechen. Als hätte jemand ein großes Stück Siebzehnrübel ausgestochen.“
Nemo stutzte. Tatsächlich! Das Loch in der Puzzlewolke ähnelte dem Umriss eines Menschen. Es erinnerte ihn an den Kreideumriss einer Leiche auf dem Asphalt. Wie im Krimi!
„A-ha!“ Oda verschränkte die Arme hinter dem Rücken und schritt durch den Raum wie eine

Kommissarin. „Fassen wir zusammen: Herr Siebzehnrübel hat das Delfin-Puzzle beim Abendbrot beendet. Dann ist er in den Laden gegangen, um sich ein neues zu holen." Sie blieb vor dem Regal stehen, in dem der Spielwarenhändler normalerweise die Puzzles aufbewahrte. „Meine Theorie ist, dass er auf eine Leiter gestiegen ist und eines der oberen Puzzles herausgeholt hat. Dabei ist die Schachtel aufgegangen, die Puzzleteile sind herausgeflogen und Herr Siebzehnrübel ist von oben durch die Wolke geplumpst." Triumphierend sah sie die anderen an.
„Das kann nicht sein!" Nemo schmunzelte über Odas seltsame Theorie. „Herr Siebzehnrübel ist doch schon seit Dienstag verschwunden. Da gab es noch gar keine Wolke. Bis Mittwoch war die Schwerkraft ja völlig normal."
„Außerdem ist hier keine Leiter", wandte Fred ein.
„Hm ..." Oda grummelte beleidigt und rieb sich den nicht vorhandenen Bart.

„Nein!“ Nemo schüttelte entschlossen den Kopf. „Herr Siebzehnrübel muss zuerst auf dem Boden gelegen haben und dann sind die Puzzleteile auf ihn draufgefallen.“

„Aber warum sollte er sich hingelegt haben?“, fragte Fred.

Oink. Der grüne Plastikhammer dotzte ihm gegen den Kopf.

„Autsch!“ Fred rieb sich die Stirn.

„Natürlich!“ Plötzlich ging Nemo ein Licht auf. „Das ist es! Jemand hat Herrn Siebzehnrübel den Scherzhammer über die Rübe geschlagen!“

Er musste an die Beobachtung seines Vaters denken. Hastig hüpfte er zum Kleiderständer und sah die Kostüme durch. Neben Prinzen-, Ninja- und Superheldinnen-Kostümen gab es auch ein paar Ganzkörperkostüme für Erwachsene. An den oberen Haken hingen ein Affen-, ein Tiger- und ein Hühnerkopf, darunter – an Kleiderbügeln – die passenden Anzüge dazu.

Nemos Herz schlug etwas schneller.

Ein Kleiderbügel war leer! Ein Pappschild wies darauf hin, welches Kostüm dort gehangen hatte:

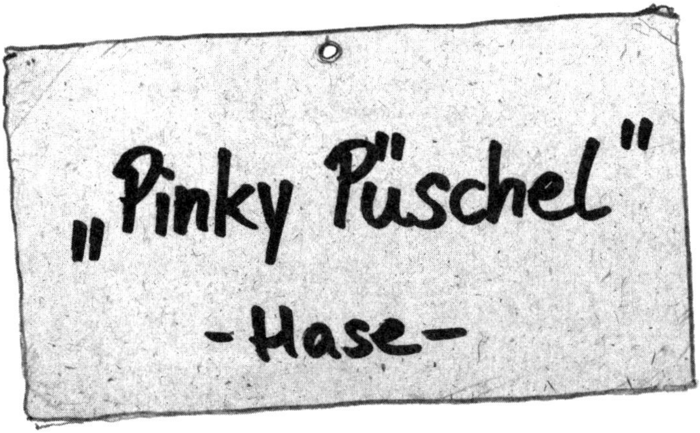

„Mein Vater ist doch nicht verrückt!“, rief Nemo erleichtert. „Der Täter hat sich als Hase verkleidet.“ Aufgeregt ließ er seinen Blick durch den Laden schweifen, bis er gefunden hatte, was er suchte. „Da!“ Unter dem Fensterbrett stand eine Reihe Puppenwagen. Wie vermutet gähnte eine Lücke zwischen ihnen. „Der Hase hat Herrn Siebzehnrübel in einen Puppenwagen gelegt und mitgenommen“, beendete er seinen Gedanken.

Oda nickte beeindruckt. „Übrig geblieben ist nur Herrn Siebzehnrübels Umriss. Und als später die Schwerkraft nachgelassen hat, ist die Puzzlewolke zur Decke geschwebt."

„Gut kombiniert!", lobte Fred. Er holte seine Zahnspangenschachtel heraus und schüttelte sie. „Und die Puzzleteile, die auf Herrn Siebzehnrübel liegen geblieben sind, sind unterwegs verloren gegangen. Vier davon haben wir gefunden. Aber es gibt noch mehr! Ungefähr ..."

„Hun-Dert-Drei-und-sieb-Zig", quäkte Biep.

Fred nickte begeistert. „Finden wir sie, dann finden wir auch ... den Täter ..." Seine Stimme wurde zum Satzende hin leiser. Wenn er es genau bedachte, hatte er eigentlich keine große Lust, eine Spur zur verfolgen, an deren Ende ein Verbrecher wartete. Aber nun war es zu spät. Die Idee war in der Welt.

„Tippitoppi!", rief Oda. „Folgen wir also der Puzzlespur!"

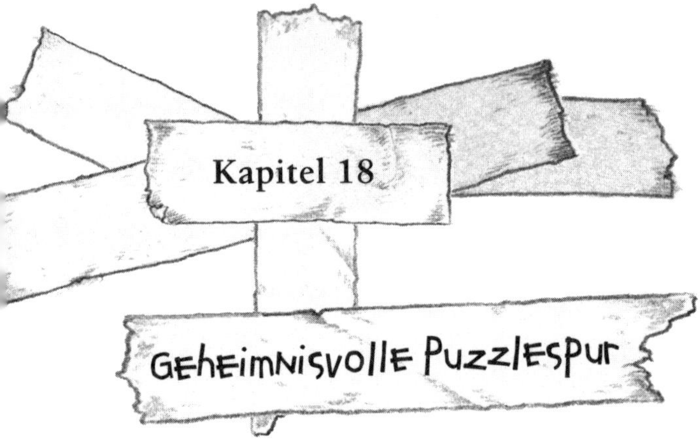

Kapitel 18

Geheimnisvolle Puzzlespur

Nemo schloss die Ladentür auf. Früher hatte er Herrn Siebzehnrübel oft beim Verkaufen geholfen, daher wusste er noch, wo der Schlüssel lag: unter dem Kniffel-Becher im Regal neben der Tür. Unauffällig schlichen sie nach draußen. Fred schob den Puppenwagen, in den sie Biep gebettet hatten. Vorher hatte Nemo dem kleinen Roboter noch ein paar Puppenkleider angezogen und ihm ein Milchfläschchen in die langen Schlaucharme gedrückt. Oda hatte der „Babypuppe“ ein paar passende Sätze beigebracht: „Ich bin klein. Muss Bäuerchen machen. Will ins Bett.“

Gemeinsam bahnten sie sich einen Weg durch die Menschenmenge vor dem Schaufenster.
Mittlerweile war auf dem Marktplatz die Hölle los. Es wimmelte nur so von Schaulustigen, Presseleuten und Kameras. Alle Blicke waren auf das Rathaus gerichtet, vor dessen Portal Franz Ach in einen Strauß bunter Mikrofone sprach: „Alles easy, Mann. Machen Sie sich keine Sorgen! So ein bisschen Schwerelosigkeit hat noch niemandem geschadet."
„Und was, wenn es mich auf den Mond weht?", fragte ein junger Mann.
„Nun bleiben Sie mal auf dem Boden!"
„Ja, wie denn?"
„Wann hört das wieder auf?", „Wo kommt das her?", „Und was, wenn es schlimmer wird?", riefen die Reporterinnen und Reporter durcheinander.
Manche hatten sich Hanteln oder schwere Skulpturen in die Jackentaschen gesteckt, andere Marmor- oder Eisenplatten um den Bauch gebunden. Die meisten sprachen ernst und besorgt

in die Kameras, einige fanden die Schwerelosigkeit eher witzig. Sie unterhielten ihr Publikum mit allerlei Kunststücken.
Nemo, Oda und Fred waren froh, dass die Aufmerksamkeit nicht auf ihnen lag. Unbemerkt hopsten sie zurück in die Seitengasse und legten ihren Ballast wieder an.
„Wo genau hast du denn die anderen zwei Puzzleteile entdeckt?“, erkundigte sich Nemo bei Oda, während er sich die Küchenschürze mit den Sandflaschen umband. Oda knotete ihren Bademantel zu und deutete die Straße hinunter.
„Gleich hier in der Schulgasse. Kurz vor dem Café Kandis.“
„Wollen wir die Sache nicht doch lieber der Polizei überlassen?“, fragte Fred und schnallte sich den Werkzeuggürtel seines Vaters um.
„Und was willst du der Polizei sagen?“, fragte Nemo. „Dass sie nach einem rosa Hasen suchen soll?“
Oda stimmte Nemo zu: „Die halten uns nur für

verrückt. Außerdem kamen mir die zwei Polizisten nicht besonders engagiert vor. Suchen wir lieber selbst! Und haltet Ausschau in alle Richtungen! Die Puzzleteilchen könnten überall sein."

Oda behielt recht.

Die winzigen Pappschnipsel schwebten über einem Kanaldeckel, sie lagen auf der Markise des Café Kandis und schwammen in der Tasse von Herrn Ölmez, der unter dem Sonnendach saß und Zeitung las. Er hatte sich mit seinem Gürtel am Stuhl festgebunden und seine Zeitung mit allerlei Sachen beschwert. Seit er nicht mehr Bürgermeister war, aß er nun auch zu Mittag im Café Kandis und genehmigte sich dort – nach einem kleinen Verdauungsspaziergang um den Boringer Weiher – einen schwarzen Kaffee mit einem Stück Kuchen. „Hoppla, was ist denn das?" Er setzte seine Tasse ab und streckte die Zunge heraus.

„Ein Stückchen Magma!", rief Fred. „Dürfen wir das haben?"

„Sicher!“ Verwundert pulte sich Herr Ölmez das Puzzleteil von der Zunge und reichte es Fred. Der steckte es zu den anderen in die Zahnspangenschachtel, in der bald kaum noch Platz war.
„Meint ihr, Pinky Püschel hat Herrn Siebzehnrübel in die Schule gebracht?“, fragte Oda, als sie sich dem Sportplatz näherten.
Aber dann führte die Puzzlespur am Schulgelände vorbei Richtung Ringstraße.
„Achtung!“, warnte Nemo. „Lehrerin auf halb eins.“
Leichtfüßig wie eine Elfe hüpfte Frau Fasching auf sie zu. Ihr schweinchenrosa schimmernder Mantel wallte blütengleich um sie her.
Hastig beugte sich Oda über den Puppenwagen und raunte Biep zu: „Weißt du noch, was zu tun ist?“
„Wuff!“, bellte Biep folgsam.
„Nein.“ Oda stöhnte. „Du bist doch jetzt kein Hund mehr. Du bist eine Babypuppe.“
„Hallo Kinder!“ Die Biolehrerin begrüßte sie

fröhlich. „Na, genießt ihr die schwerelose Zeit? Was habt ihr denn da dabei? Einen kleinen Puppenwagen?“

Fred nickte ertappt. „Wir spielen Vater, Mutter, Kind.“

„Oh! Seid ihr dafür nicht ein wenig zu alt?“

„Ja ... äh ... nein.“ Nemo lief knallrot an. „Das ist mein kleiner Cousin“, schwindelte er spontan und zog die Decke ein wenig höher, um Bieps blechernes Gesicht zu verdecken.

„Ach, wie süß!“ Frau Fasching versuchte, einen Blick zu erhaschen. „Na? Was bist du denn für ein goldiger Knopf?“

Bieps Kulleraugen glotzten sie verständnislos an. Angestrengt versuchte er, sich an die Sätze zu erinnern, die Oda ihm beigebracht hatte. Aber keiner schien auf die Frage zu passen.

„Ich bin ein Bäuer-Chen“, quäkte er schließlich. „Muss klein. Will ins Bett ma-Chen.“

„Oh.“ Frau Fasching sah überrascht auf. „Hat er keine Windel an?“

„Doch, doch“, beteuerte Oda. „Die müssen wir jetzt auch dringend wechseln.“ Eilig schob sie den Wagen weiter.
Sie ließen Frau Fasching stehen und überquerten die Ringstraße, über der ein ganzer Schwarm Puzzleteilchen schwebte. Wahrscheinlich waren sie beim Rumpeln über die Bordsteinkante von Herrn Siebzehnrübel gerutscht. Jetzt wirbelte jedes vorbeifahrende Auto sie auf.
Sie fanden weitere Puzzleteile im Gebüsch in der Nähe des Baches, folgten der Spur am Ufer entlang und überquerten die Brücke, die Richtung Bahnhof führte.
„Womöglich hat er ihn aus der Stadt gebracht“, befürchtete Fred.
„Sieht nicht so aus.“ Nemo untersuchte gerade ein paar Pappteller, die hinter Würstel-Willy über dem Mülleimer schwebten. Im Ketchup klebten drei Randteile.
Die Spur führte weiter über den Parkplatz des Schwimmbads, die Landzunge am Boringer

Weiher entlang, bis zur Spitze eines hölzernen Stegs.

Dort endete sie abrupt.

„Ach, du heiliger Bimbam!“ Entsetzt starrte Fred in den See. Zwischen all der Entengrütze trieben jede Menge aufgeweichter Puzzleteilchen. Darunter, im schimmernden Grün, schwebte ein Puppenwagen. Freds Unterkiefer zitterte, als er fragte: „M...m...meint ihr, Pinky Püschel hat Herrn Siebzehnrübel ertränkt?“

aus der Traum!

Herr Siebzehrübel konnte sich nicht erinnern, wann er das letzte Mal so gelacht hatte! Eine Stunde lang hatten Pinky und er einen Flummi kreuz und quer durch die alte Holzhütte hüpfen lassen und waren dabei über Tische und Bänke gesprungen wie Hasen.
„Danke, Pinky!“ Völlig außer Puste umarmte Herr Siebzehnrübel seinen Entführer und drückte sein Gesicht in dessen flauschiges Fell. „Du bist der beste geträumte Freund, den ich je hatte.“
Pinky Püschel klopfte Herrn Siebzehnrübel freundschaftlich auf den Rücken. Doch als draußen das Schlagen der Turmuhr erklang, löste

er sich eilig, packte seine Sachen und stürzte zur Tür.
„Halt! Wo willst du denn hin?“ Der Spielwarenhändler griff nach Pinkys Puschelschwanz und wollte ihn aufhalten.
Aber da war der Hase schon aus der Tür.
„Pinky!“ Herr Siebzehnrübel trommelte gegen das Holz. „Autsch!“ Ein Holzsplitter fuhr ihm in den Handballen. Mit spitzen Fingern zog er ihn wieder heraus und lutschte das Blutpünktchen weg.
Herr Siebzehnrübel wunderte sich. Warum tat das denn so weh? War das alles am Ende ... doch kein Traum?

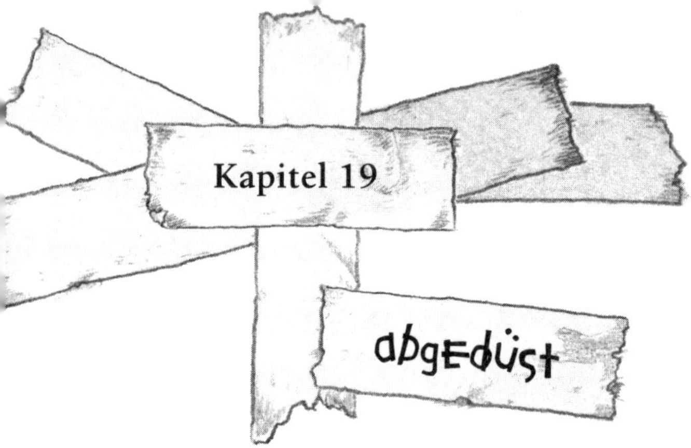

Kapitel 19

abgedüst

„Erd-Ling im Was-Ser. Kurz-Schluss. Ka-Putt."
Dudel-udel-uuu.
Aus Bieps Brustkorb erklang die „Treffer versenkt"-Melodie. Erschüttert starrte er über den Rand des Puppenwagens auf das gekräuselte Wasser.
Tröstend legte Nemo ihm eine Hand auf die Schulter. „Menschen bekommen keinen Kurzschluss. Ich glaube nicht, dass Herrn Siebzehnrübel etwas passiert ist."
„Ich auch nicht." Oda kniete sich hin, um einen hölzernen Stegpfosten genauer unter die Lupe zu nehmen. Es wurmte sie immer noch, dass sie mit

ihrer Theorie im Laden so falschgelegen hatte. Diesmal wollte sie alles richtig machen. Aber ihre Vermutung bestätigte sich. „Hier war mal ein Boot angebunden." Sie deutete auf ringförmige Abriebspuren. „Wahrscheinlich ist der Täter mit Herrn Siebzehnrübel weggefahren."

„Und wohin?", fragte Fred.

„Keine Ahnung!" Oda stand wieder auf. „Auf dem Wasser lässt sich keine Spur verfolgen."

Nemo seufzte. Zusätzlich zur schwachen Schwerkraft kam nun noch ein Herbstwind auf. Das machte die Sache nicht leichter. Mit fliegenden Haaren und flatternden Kleidern standen sie eine Weile auf dem Steg und ließen ihre Blicke über den See schweifen. Grün und wild wogte es um sie her.

„Di-dü, di-dü." Auch Biep scannte die Umgebung. „Ungewöhnli-Ches Ob-Jekt auf halb Zwölf." Er deutete auf die kleine Insel in der Mitte des Sees, wo zwischen den herbstlich verfärbten Blättern ein rosa Pünktchen aufblitzte.

„Da drüben!", rief Nemo erfreut. „Das könnte Pinky sein! Er bewegt sich auf eine Holzhütte zu. Vielleicht hat er dort Herrn Siebzehnrübel versteckt!"
Fred runzelte besorgt die Stirn. „Ihr wollt da jetzt aber nicht rüberfahren, oder?"
„Nein." Oda schüttelte den Kopf. „Wir schwimmen!"
„Wie bitte?" Nemo und Fred sahen sie überrascht an.
„Dazu ist es zu kalt", wandte Nemo ein.
„Und zu weit", sagte Fred.
„Und Zu nass." Bieps Augen blinkten ängstlich.
„Genau!" Fred war dankbar für jedes weitere Argument. „Für Biep ist Wasser so gefährlich wie Lava!"
„Aber was sollen wir sonst machen?" Oda sah sich um. „Wir haben kein Boot."
„Doch!" Fred packte den Puppenwagen und wollte los. „Das Ruderboot meines Vaters."
„Warte!" Nemo hielt ihn auf. „Schon vergessen?

Unsere Väter gehen zum Angeln! Sicher sind sie gerade unterwegs zum Boot. Willst du ihnen direkt in die Arme laufen?“
„Schon vergessen?“, konterte Fred. „Bei unserer Suche nach Drago sind wir mit dem Boot über den Fluss gerudert. Ich hätte es längst zurückbringen müssen. Hab ich aber nicht.“
Schmunzelnd zuckte er die Schultern. „Es liegt immer noch unterhalb der Burg. Da werden unsere Väter auf der falschen Flussseite suchen! Also los! Worauf wartet ihr noch?“

Majestätisch thronte die Burgruine auf dem Boringer Berg. Auf ihrem Turm flatterte die rote Fahne mit dem Stadtwappen – der Boringer Burg, auf der wiederum die Fahne mit dem Wappen wehte und so fort.
„Ach du heiliger Bimbam!“, entfuhr es Fred, als sie am idyllischen Flussufer unterhalb des Burgberges ankamen. Der rote Plastik-Kahn seines Vaters hing zwar noch dort, wo sie ihn festgemacht hatten,

allerdings flatterte er im Wind wie die Fahne auf dem Bergfried – gut drei Meter über dem Wasser.
„Oje!“ Oda seufzte. „Wie sollen wir das Boot jemals aufs Wasser bekommen?“
„Werfen wir Steine rein!“ Eifrig klaubte Nemo ein paar dicke Kiesel vom Ufer. Oda und Fred halfen ihm, während Biep argwöhnisch aus dem Puppenwagen spähte. „Erdlin-Ge fah-Ren in Schüs-Sel ü-Ber tödli-Che Flüssig-Keit? *Di-dü, di-dü*. Sta-Tus: Ver-Rückt!“
„Keine Sorge.“ Fred beruhigte ihn. „Das ist ja das Tolle an einem Boot: Man kann damit übers Wasser fahren, *ohne* nass zu werden.“
Doch Biep blieb skeptisch. Zweifelnd sah er ihnen zu, wie sie Steine ins Boot warfen. Vielmehr: es versuchten. Denn die Steine flogen davon wie Luftballons.
„Puh!“ Nemo gab auf. „Das funktioniert nicht.“ Besorgt sah er ans andere Flussufer, wo das Boot normalerweise vertäut lag. „Und jeden Moment können unsere Väter hier aufkreuzen.“

„Dann drücken wir das Boot eben mit unserem Gewicht nach unten“, schlug Fred vor.
„Und wie willst du reinkommen?“ Oda sah sich nach einem Hilfsmittel um. In der Nähe stand eine Sitzbank, doch die war fest im Boden verankert. Es gab eine überdachte Holztafel mit einem Rettungsring und am Waldrand einen Feuerlöscher, den die Gemeinde nach der großen Drachenhitze dort aufgehängt hatte. Aber nirgends war eine Leiter zu sehen.
„Na, ich springe!“ Fred zog seinen Werkzeuggürtel aus und reichte ihn Oda. Vorsichtig machte er drei Schritte zurück.
„Nimm lieber nicht zu viel Anlauf“, warnte Nemo. „Denk an das Sportfest.“
„Eben.“ Fred lächelte leicht überheblich. „Vergiss nicht: Ich hab jetzt 'ne Ehrenurkunde.“
Er visierte das knallrote Boot an, lief mit federnden Schritten auf das Ufer zu und hob ab.
„Wow, wow, wow!“ Mit rudernden Armen und Beinen segelte er durch die Luft. Er beschrieb

einen großen Bogen und landete hinter dem Boot im Fluss.
Das Wasser spritzte auf und formte sich zu Kugeln, die wie Seifenblasen durch die Luft eierten. Sobald sie das Ufer erreicht hatten, zerbarsten sie in kleinere, klatschend landeten sie auf Nemo und Oda, die zu spät auswichen. Quietschend ging Biep in Deckung.
Zerknirscht krabbelte Fred aus dem Fluss und probierte es erneut. Diesmal aus dem Stand. Mit einem Satz landete er im Boot. Augenblicklich senkte es sich um einen Meter.
„Juhu!“ Fred reckte die Faust. „Jetzt ihr!“
Nemo sprang hinterher. Zielgenau landete er neben seinem Freund. Das Boot senkte sich weiter, schwebte aber immer noch schulterhoch über dem Wasser.
Oda reichte Fred den Werkzeuggürtel zurück und half Biep über die Reling. Ängstlich kauerte sich der kleine Roboter unter die Sitzbank. Das Boot sank Oda auf Hüfthöhe.

„Das reicht immer noch nicht." Suchend sah sie sich nach weiteren Gewichten um, als auf der anderen Flussseite zwei Männer aus dem Gebüsch traten. Sie steckten in gelben Gummihosen und trugen Kübel und Kescher.
„Beeilung!", rief Fred. „Unsere Väter kommen."
„Hol den Feuerlöscher!", forderte Nemo Oda auf. Oda hastete zum Waldrand, schnappte sich den Feuerlöscher und warf ihn den Jungs zu. Endlich senkte sich der Kahn tief genug, sodass sie bequem hineinklettern konnte.
Fred hängte die Ruder ein. Doch nur die Spitzen der Ruderblätter berührten das Wasser. Selbst mit Oda schwebten sie noch einige Zentimeter über der Oberfläche.
„Scheibenkleister. So kommen wir nicht voran." Hektisch ruderte Fred im Leerlauf.
Auf der anderen Flussseite blickten sich ihre Väter nach dem Boot um.
„Alarmstufe Rot!" Fred duckte sich unter die Bootskante. Bieps Augen blinkten nervös.

„Tu irgendwas!“, flehte Oda Nemo an.
„Immer mit der Ruhe!“ Nemo griff nach dem Feuerlöscher. Er zog die Sicherungslasche ab und schlug mit einem entschlossenen Fausthieb den Knopf ein.
„Was hast du vor?“, fragte Fred.
Nemo grinste. „Na, wir düsen weg.“ Er nahm die

Löschpistole zur Hand, richtete den Schlauch nach hinten und drückte ab. Weißer Lösch-Schaum schoss aus der Düse wie Schlagsahne. Es gab einen kurzen Rückstoß, dann zischte das Boot davon.
„Cool!" Oda sah Nemo erfreut an.
„Jippie!", jubelte Fred zurückhaltend.
„Hil-Fe!" Biep drückte sich enger an Oda.
In einem chaotischen Zickzackkurs brausten sie los, den Boringer Fluss entlang, Richtung Weiher.

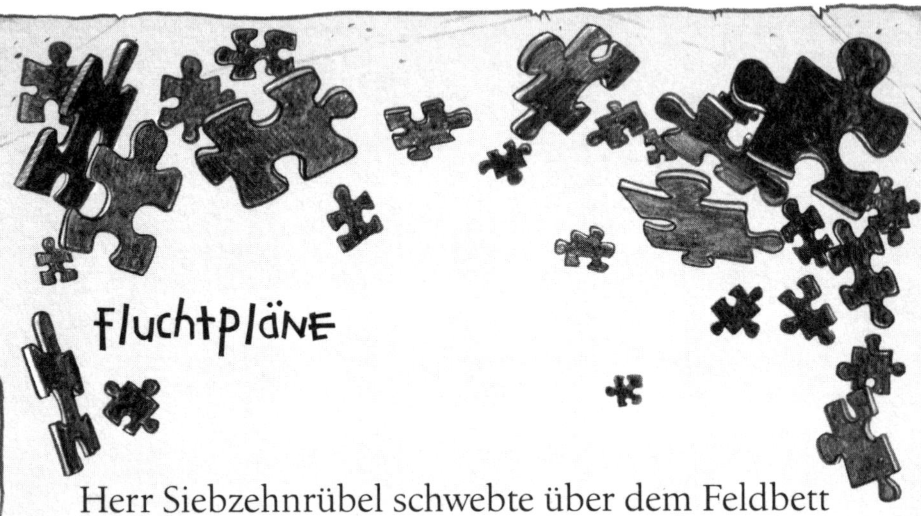

Fluchtpläne

Herr Siebzehnrübel schwebte über dem Feldbett und kaute an seinen Fingernägeln. Wenn das alles kein Traum war, wieso hatte dann die Schwerkraft nachgelassen? Was hatte der komische Hase mit ihm vor? Und welcher Wochentag war eigentlich? Mit den Fingern zählte er nach.

Was, schon Freitag?

Dann war morgen ja Samstag! Da begann die Ausstellung in seinem Laden. Er musste dringend nach Hause und Buletten machen.

„He, Sie! Herr Hase!“ Der Spielwarenhändler sprang durch den Raum und trommelte gegen die Tür. „Was soll denn das? Warum haben Sie mich

entführt? Es gibt doch überhaupt niemanden, der für mich Lösegeld zahlen würde.“
Er lauschte kurz. Nicht weit entfernt hörte er Wasser gluckern und ein seltsames Rauschen. Irgendwas schlug gegen die Tür. Und war da nicht auch das Läuten einer Turmuhr gewesen? Nur von seinem Entführer kam kein Mucks.
Herr Siebzehnrübel drehte sich wieder um und ließ seinen Blick durch die karge Holzhütte schweifen. Wo war er?
Über dem wackligen Tisch schwebte das fertige Puzzle. In einer Ecke stand ein kleiner Schrank, daneben ein Stapel Stühle. An der Wand hing ein altes Paddel. Das einzige Fenster war zugenagelt. Vielleicht, dachte er, gibt es doch einen Ausweg.

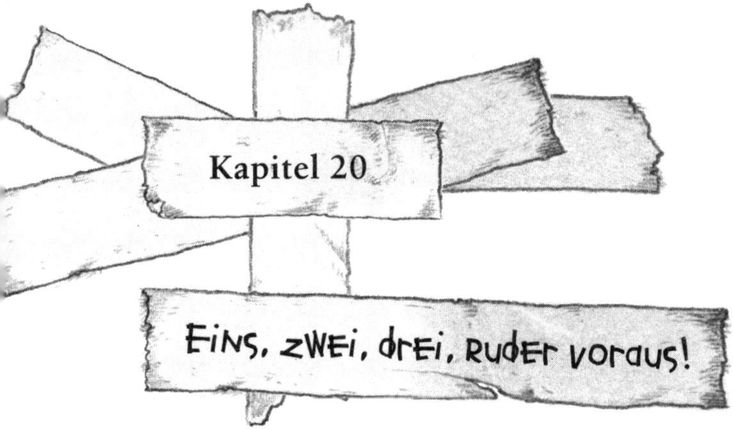

Kapitel 20

Eins, zwei, drei, Ruder voraus!

Nemo war glücklich. Das Öffnen der Päckchen versprach doch immer ein Abenteuer! Das musste selbst Fred zugeben, der im Bug saß wie eine Galionsfigur. Hinter ihm saß Oda mit Biep auf den Knien. Die Zipfel ihres flatternden Bademantels strichen Nemo über den Arm.
Nemo seufzte zufrieden. Er hätte ewig so dahindüsen können!
Am rechten Ufer flogen die Äcker und Wiesen vorbei, links die Altstadt mit Kirchturm und Friedhof.
Nemo zog den Kopf ein, als sie unter der niedrigen

Fußgängerbrücke hindurchrauschten. Er ließ den Flussarm nach Dickstein rechts liegen und düste an der Tankstelle vorbei. Dahinter endlich weitete sich der Fluss zum Boringer Weiher. Es wurde auch Zeit! Lange würde der Inhalt des Feuerlöschers nicht mehr reichen. Schon jetzt sprotzelte er wie Nemo beim Zähneputzen, wenn sein Vater ins Bad kam und ihn kitzelte. Ein wenig Sprühschaum würden sie außerdem noch brauchen, um wieder ans Festland zu kommen.
Nemo stellte den „Motor“ ab, sobald die Insel in Sicht kam, und nutzte den restlichen Schub, um anzulanden. Ohne den Boden zu berühren, schossen sie über das Ufer hinaus und parkten in einem Busch.
„Tippitoppi!“ Oda setzte Biep auf dem Bootsboden ab und fiel Nemo um den Hals. „Das war die beste Idee, die du je hattest.“
Nemo wurde rot bis zu den Haarspitzen.
Biep sah ihn neugierig an. *„Di-dü, di-dü.“*
„Du bleibst am besten an Bord!“, forderte Nemo

ihn eilig auf. „Du bist einfach zu rostig und quietschst viel zu laut. Mit dir kann man sich unmöglich anschleichen."
Biep wandte den Blick ab und starrte aus dem Boot.
Mitfühlend tätschelte ihm Oda den Kopf. „Bist du traurig?"
„Kei-Ne Spur."
„Gut." Oda sprang aus dem Boot. „Dann bleib hier und drück das Boot nach unten, damit der Wind es nicht wieder hochwehen kann. Für den Fall, dass wir schnell fliehen müssen."
„Fliehen?" Fred, der schon halb aus dem Boot war, griff sich ein Ruder. Vielleicht konnte es ihnen später helfen, leichter zurück ins Boot zu kommen. Außerdem taugte es gut zur Verteidigung. Immerhin hatte Nemos Vater den Hasen als „riesig" beschrieben.
Sie winkten dem kleinen Roboter kurz zu, dann verschwanden sie im Gebüsch. Zum Glück verwandelte die Schwerelosigkeit sie in

Fliegengewichte. Unter ihren Schuhsohlen raschelte kein Blatt und knackte kein Zweig. Lautlos wie Raubkatzen schlichen sie sich an die Hütte heran und huschten mit runden Rücken unter den Fenstern vorbei.

„Und jetzt?", flüsterte Oda, als sie vor der Tür standen. „Haben wir einen Plan?"

Nemo überlegte kurz.

Dann nahm er Fred das Ruder aus der Hand und wisperte: „Wir nutzen das hier als Rammbock, brechen die Tür auf und hauen es Pinky über die Löffel."

„Wie bitte?" Fred sah ihn entgeistert an.

Auch Oda wirkte nicht besonders überzeugt. „Und was, wenn wir uns täuschen? Wenn eine alte Dame in der Hütte wohnt und Socken strickt?"

Unbeeindruckt zuckte Nemo die Schultern. „Dann stehen wir im schlimmsten Fall mit einem Ruder in ihrem Wohnzimmer. Vielleicht ist aber auch Herr Siebzehnrübel drin und braucht dringend Hilfe. Also, was ist? Kommt ihr mit oder soll ich ihn allein retten?" Nemo umfasste das Ruder wie eine Lanze.

Zögernd packten Oda und Fred mit an.

„Auf drei!", zischte Nemo, bevor die beiden es sich anders überlegen konnten.

„Eins."

Nemo senkte den Kopf.

„Zwei."

Er visierte die Tür an.

„Drei!"

Sie liefen los.

Im Gleichschritt sprangen sie die Stufen nach oben, über die schmale Veranda, auf die Eingangstür zu.

Kapitel 21

IN DER ZENTRALE DES BÖSEN

Das Ruderblatt hatte die Tür noch nicht mal berührt, da flog sie zu ihrem großen Erstaunen von selbst auf.

Ungebremst stürmten sie in die Hütte, als wollten sie einen unsichtbaren Elefanten aufspießen.

Mitten im Raum blieben sie stehen und sahen sich verdattert um.

An einem Tisch standen ein Mann und eine Frau und beugten sich über ein Paket.

„Hab ich also doch richtig gehört!“

Die Tür fiel wieder ins Schloss. Nemo wirbelte herum.

Hinter ihnen, im Halbdunkel, stand Frau Fasching. Mit Schrecken dachte Nemo an das, was sie über die Pilze erzählt hatte: *Teil eines riesigen Systems*! Waren sie etwa im Hauptquartier der Diebesbande gelandet? In der Zentrale des Bösen?
„Wollt ihr eine Zimtschnecke?“, fragte die Biolehrerin und öffnete eine Keksdose. Das süße Gebäck schwebte heraus.
„WO IST ER?“, schrie Nemo, die Adern voll Adrenalin.
„Wer?“ Die zwei Leute am Tisch drehten sich um. Nemo erkannte Frau Moscherosch und Herrn Lieblich, den Chefredakteur des Boringer Boten.
„Na, Herr Siebzehnrübel“, sagte Fred weit weniger angriffslustig als sein Freund.
„Der ist gar nicht bei uns im Verein.“ Frau Moscherosch öffnete das Paket vor ihr mit einer Schere.
„In welchem Verein?“ Oda sah sich um. Erst jetzt fielen ihr die vielen Schwimmwesten auf, die überall an Haken hingen. Mitten unter ihnen

schwebte Frau Faschings rosafarbener Mantel. Der hintere Teil der Hütte ging in ein Bootshaus über, wo in raumhohen Gestellen bunte Kajaks lagerten.

„Wir paddeln“, erklärte Herr Lieblich begeistert. „Das heißt, zurzeit geht das ja kaum. Aber hoffentlich hiermit!“ Voller Vorfreude zog er drei Wassersäcke aus dem Paket. „Mit denen können wir unsere Boote beschweren ...“

„Was wollt ihr eigentlich?“ Skeptisch sah Frau Moscherosch auf das Ruder in Nemos Hand.

Nemo nahm es herunter. „Äh... nur mal gucken“, stammelte er wenig einfallsreich.

„Wir wollten aber nicht stören“, sagte Fred höflich. Er schnappte sich eine Zimtschnecke aus der Luft und begann, daran zu mümmeln.

„Das tut ihr doch nicht.“ Frau Fasching lächelte sie freundlich an. „Wir freuen uns immer über neue Mitglieder.“

„Ja!“ Frau Moscherosch gab ihr recht. „Wir haben eine ganz aktive Jugendgruppe.“ Sie deutete auf ein paar Fotos an der Wand. Eines davon zeigte den Rohbau der Hütte und ein fröhliches Einweihungsfest mit vielen jungen Leuten. „Erst im Frühjahr haben wir uns vergrößert und sind hier eingezogen.“

„Interessant!“ Oda zückte ihr Notizbuch und trat etwas näher.

Nemo wurde unruhig. Sie hatte doch nicht etwa wirklich vor, in den Verein einzutreten?

„Meinst du nicht, dass wir mit dem *Buchclub* schon ausgelastet sind?“ Nervös zupfte er Oda am Ärmel, die gerade eines der Fotos genauer betrachtete. Es war vergilbter als die anderen und zeigte eine kleine Hütte aus silbrigem Holz. Vor der Hütte war ein Stück Flussufer zu sehen, hinter ihr erhob sich der Boringer Kirchturm.

„Das ist unser altes Vereinsheim am Friedhof“, erklärte Herr Lieblich, als er bemerkte, dass sich die Kinder für das Foto interessierten.

„Benutzt es denn keiner mehr?“, fragte Oda.

„Nur noch als Material-Lager“, antwortete Frau

Moscherosch. „Wir haben es dichtgemacht und verrammelt."
„Dichtgemacht und verrammelt?" Fred hörte auf zu mümmeln. Die Freunde warfen sich einen vielsagenden Blick zu. Das klang ideal, um jemanden darin zu verstecken!
„Wir müssen dann langsam mal los", sagte Nemo so beiläufig wie möglich. Dabei schlug sein Herz bis zum Hals.

Kapitel 22

Pinky Püschel

Der Feuerlöscher setzte aus, als Nemo das Boot unter der Brücke hindurchsteuerte. Mit dem letzten Schwung gelangten sie ans Ufer.

Der alte Friedhof lag gar nicht so weit entfernt von der Boringer Burg. Nemo konnte kaum fassen, dass sie hier einfach vorbeigefahren waren!

Nun dämmerte es bereits, als Nemo das Boot ins Schilf zog und an einem moosigen Pfosten vertäute.

„Und du bist dir sicher, dass es hier ist?“ Fröstelnd sah Fred sich um.

„Ganz sicher.“ Nemo deutete auf zwei

Puzzleteilchen, die wie Schmetterlinge im Schilf umherjagten.
„Oh Mann!“ Oda schlug sich die flache Hand an die Stirn. „Da hätten wir auch früher draufkommen können. Auf der ganzen Insel gab es kein einziges Puzzleteilchen. Das also hat Biep mit ‚keine Spur‘ gemeint.“
„Ex-Akt!“ Biep nickte quietschend.
„Schlauer Roboter!“ Oda streckte die Arme aus und hob ihn ächzend ans Ufer. „Besser, wir nehmen dich diesmal mit. Vielleicht bist du uns noch nützlich.“
„Glaub ich kaum“, murmelte Nemo ein wenig eifersüchtig. Er schnappte sich ein Ruder und lief ihnen hinterher.
Im Gänsemarsch schlichen sie den kurzen Trampelpfad zwischen Flussufer und Friedhof entlang, an dessen Ende die silbrige Holzhütte stand. Aus den Türritzen drang Licht.
Nemo und Fred schulterten das Ruder und machten sich zum Angriff bereit.

„Moment." Oda blieb stehen. „Vielleicht hat Biep eine bessere Idee, wie wir in die Hütte gelangen können?" Auffordernd sah sie den kleinen Roboter an. Nemo stöhnte ungeduldig.

Biep nickte eifrig. Er drehte sich um und stakste los. Noch bevor Oda ihn aufhalten konnten, hob er seinen Waffenarm und zielte auf das Schloss.

Piu, piu, piu!

„Pssst!" Oda hechtete zu ihm und hielt ihm den Lautsprecher zu. „Das ist zu laut! Außerdem funktioniert es nicht wirklich."

„Doch!" Bieps Kulleraugen funkelten entrüstet. „Kuck-Uck. Kurz-Schluss. Ka-Putt!"

„Das war eine Kuckucksuhr." Oda hasste es, den kleinen Roboter enttäuschen zu müssen. „Der Kuckuck wäre auch so verschwunden."

Dudel-udel-uuu.

Enttäuscht ließ Biep die Schultern hängen.

Nemos Geduld war langsam am Ende. „Aus dem Weg!", zischte er und fing an zu zählen: „Eins."

Fred winkte Oda und Biep zur Seite.
„Zwei."
Oda entfernte sich ein Stück, doch Biep blieb vor der Tür stehen und linste durchs Schlüsselloch.
„Drei."
Biep drückte die Klinke herunter.
Die Tür öffnete sich. Ihre Angeln quietschten mindestens so laut wie Bieps Gelenke.
„Tippitoppi!" Begeistert drehte sich Oda zu den Jungs um. „Die Tür war gar nicht verschlossen!"
Erstaunt ließen Nemo und Fred das Ruder fallen.
Wie eine Libelle schwebte es davon.
„Scheibenkleister", zischte Fred.
„Ist doch nicht so schlimm", sagte Nemo. „Das brauchen wir eh nicht mehr."
„Und wenn der Hase angreift?" Sicherheitshalber hopste Fred dem Ruder hinterher, während Oda und Nemo die Hütte betraten.

Das Erste, was sie sahen, waren zwei Beine, die aus dem einzigen Fenster ragten. Der Oberkörper dazu war bereits in der Öffnung verschwunden. An den zappelnden Füßen steckten kuschelige Hausschuhe.

„Herr Siebzehnrübel?“, fragte Nemo vorsichtig.

„Das bin ich!“ Ächzend schob sich der alte Mann zurück in den Raum. Er trug einen gestreiften Pyjama mit Bademantel darüber. Erstaunt sah er die Kinder an. „Wie seid ihr denn bloß hier reingekommen?“

„Durch die Tür“, antwortete Oda.

„War die etwa offen?“ Der Spielwarenhändler stöhnte. „Dann hätte ich mir ja die Arbeit sparen können.“ Er deutete auf ein paar schwebende Holzbretter, aus denen rostige Nägel guckten.

„Wie geht es Ihnen?“, erkundigte sich Nemo.

„Sind Sie verletzt?“, wollte Oda wissen. „Können wir irgendwas für Sie tun?“

Die besorgten Fragen der Kinder regneten auf den alten Mann nieder wie Konfetti. Er überlegte, welche er zuerst beantworten sollte, als sein Blick auf Biep fiel.

„Ist das etwa Bi-...?"
„Sind Sie allein!?", schrie Fred, der endlich auch in die Hütte stürmte, das Ruder fest umklammert. Misstrauisch sah er sich in dem engen Raum um. Sein wachsamer Blick schweifte vom Feldbett zum Tisch über den Stühle-Stapel bis hin zum niedrigen Schrank.
„Wissen Sie, wer Sie entführt hat?", fragte Nemo.
„PINKY PÜSCHEL!", schrie der alte Mann panisch.
„Das wissen wir." Gelassen verschränkte Oda die Arme. „Aber wer steckt in dem Kostüm?"
Herr Siebzehnrübel antwortete nicht. Er sah an ihnen vorbei und deutete zur Tür. Sein knochiger Finger zitterte.

Kapitel 23

Voll auf die zwölf

Nemo gefror das Blut in den Adern.
Der rosafarbene Hase füllte fast den gesamten Türrahmen aus. Seine große flauschige Pfote lag auf dem Lichtschalter.
Es machte KLICK!
Dann wurde es dunkel.
„Uuuuuuaaaaahhhhh!“ Nemo ballte die Fäuste und stürzte sich mit einem gewaltigen Urschrei auf den Hasen. Oder besser: auf das, was er für den Hasen hielt. Denn im Dunkeln war nichts zu erkennen.
War das ein Hasenohr oder der Kragen von Odas

Bademantel? Waren das Pinkys Pfoten oder Herrn Siebzehnrübels Hausschuhe? Zerrte Nemo hier wirklich am Entführer oder an der Stupsnase seines besten Freundes? Wo war oben und unten? Wie viele Arme und Beine waren eigentlich im Spiel? Und was war das für ein komisches *Ritschen* und *Ratschen*?

Schon bald schwebten sie alle kreuz und quer durch den Raum und es war nicht mehr klar, wer hier eigentlich wen verkloppte – als plötzlich das Licht wieder anging.

Nemo blickte an sich hinab und entließ Fred aus dem Schwitzkasten. Arm in Arm sahen sie zur Tür.

Am Lichtschalter stand der Friseur und hielt das erschlaffte Hasenkostüm in den Händen.

„PerFEKT!“, keuchte Herr Siebzehnrübel. Seine erhitzten Wangen schimmerten rosig. Sein silbergraues Haar war nun noch verwuschelter als vorhin. „Sie kommen genau im richtigen Moment!“

„Sieht ganz so aus!“ Der Friseur kicherte. „Sie könnten einen Haarschnitt vertragen.“ Erfreut hopste er auf den Spielwarenhändler zu. „Wo haben Sie nur gesteckt? Ich suche Sie schon seit Tagen!“
Oda guckte verwundert. „Wo kommt *der* denn auf einmal her?“ Ihre Haare standen ganz verwuschelt zu Berge.
„Vom Flussufer“, antwortete Herr Fekt und deutete zur offenen Tür. „Ich wollte mit Frau Ücke picknicken. Leider unmöglich bei der geringen Schwerkraft. Also packen wir gerade alles wieder ein, als ein unheimlicher Schatten an uns vorbeihuscht.“ Der Friseur sah Nemo mit großen Augen an. „Es war ein riesiger Hase! Da musste ich an das denken, was dein Vater auf der Gemeindeversammlung gesagt hat, und bekam ein mulmiges Gefühl. Ich bin dem Hasen zur Hütte gefolgt und hab durchs Fenster gelugt. Doch genau in dem Moment ging das Licht aus.“ Wild gestikulierend erzählte der Friseur weiter: „Ich also rein in die

Hütte und packe den Hasen am Puschelschwanz. Da ist er mir leider entwischt. Er muss wohl den Reißverschluss aufgezogen haben."
Bedauernd sah Herr Fekt auf das leere Kostüm in seinen Händen. Nemo erinnerte sich an das seltsame *Ritschen* und *Ratschen*, als er auf einmal ein anderes Geräusch wahrnahm: ein *Quietschen* und *Quatschen.*
In Gummistiefeln und Anglerhosen betraten sein Vater und Freds Vater den Raum.
„Mensch, Richie! Da seid ihr ja." Herr Koch knuffte seinen Sohn gegen die Schulter.
„Autsch!" Fred hielt sich den Arm. Vorwurfsvoll funkelte er seinen Vater an. „Was macht ihr hier?"
„Das sollten wir euch fragen! Erst wolltet ihr nicht mit zum Angeln, dann haut ihr in unserem Boot ab! Wir haben das ganze Ufer abgesucht und es schließlich hier draußen im Schilf gefunden. Sag mal ...", Herr Koch deutete auf Freds Hüften, „ist das mein Werkzeuggürtel?"
Bevor Fred antworten konnte, wandte sich Herr

Pinkowski an den Spielwarenhändler: „Was ist hier eigentlich los?"
„Ich wurde ent..." Herr Siebzehnrübel wollte gerade anfangen zu erzählen, als eine weitere Person durch die Tür hopste.
„Na, das nenne ich mal 'ne gemütliche Party!" Hubsi Hubert grinste breit und quetschte sich zu ihnen in den überfüllten Raum. „Was gibt's denn zu feiern? Darf ich mitmachen?"
„Ich fasse es nicht!", rief Oda laut aus. „Wo kommen *Sie* denn jetzt her?"
„Na, von draußen!"
Nemo lachte.
Dankbar lächelte ihn der Moderator an. „Ich flieg so mit meinem Kanu den Fluss entlang und checke die Lage ... hab nämlich vor, demnächst eine Sendung zum Thema ‚Luftsurfen' zu machen ... da sehe ich, wie einer nach dem anderen im alten Vereinsheim verschwindet, und denke: Guckste, was los ist!"
Herr Siebzehnrübel, der sich überhaupt nicht für

Sport interessierte, gähnte herzhaft. „Ich denke, ich gehe langsam nach Hause."
„Och." Hubsi guckte enttäuscht. „Ist die Party schon zu Ende?"
„Die geht morgen weiter", versprach der Friseur. „Da eröffne ich meine Ausstellung im Spielwarenladen."
Herr Siebzehnrübel nickte. „Es gibt Musik, Wein und Buletten. Punkt 16 Uhr geht es los." Er hopste in immer größer werdenden Bögen zur Tür. Beim letzten Sprung flog er bis unter die Decke. Herr Pinkowski und Herr Koch packten ihn bei je einem Hausschuh und zogen ihn wieder nach unten.
Der Friseur bot ihm den Ellbogen an. „Besser, Sie halten sich an mir fest! Sonst fliegen Sie noch davon." Er begleitete den Spielwarenhändler nach draußen.
„Warten Sie, ich helfe." Hubsi Hubert sprang den beiden hinterher und hakte den Spielwarenhändler an der anderen Seite unter. Freds Vater schnappte

sich das Ruder und machte sich mit Nemos Vater endlich zum Angeln auf.
Die Hütte leerte sich.
„Mons-ter-Ha-se weg?“, piepte es aus dem Eck.
„Ja. Die Luft ist rein.“ Fred holte Biep aus dem Schrank. „Der Friseur hat uns gerettet.“
„Hat er?“, knurrte Oda. Ihre hellgrauen Augen funkelten misstrauisch. „Oder ist er vielleicht selbst der Hase?“

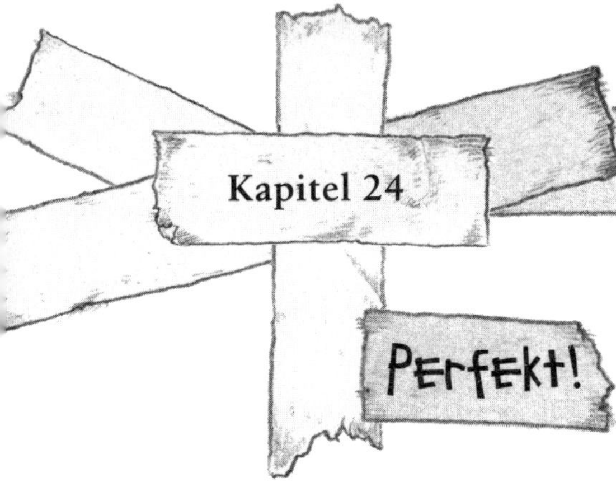

„Ich bin mir ganz sicher!“
Auch am nächsten Tag war Oda noch fest davon überzeugt, dass Herr Fekt und der Hase ein und dieselbe Person waren.
Zusammen mit Nemo und Fred war sie auf dem Weg zur Ausstellung, um Herrn Siebzehnrübel endlich zu fragen, wem der kleine Roboter gehörte. Immerhin hatte der Spielwarenhändler Biep am Vortag eindeutig erkannt!
Um nicht vom Boden abzuheben, hatten sie sich schwere Schneeketten um die Oberkörper gewickelt und Hockey-Pucks in die Hosentaschen

gesteckt. Biep hatten sie mit viel Paketschnur wieder in einen Thailändischen Doppel-Mops verwandelt. Der kleine Roboter hatte hoch und heilig versprochen, nur noch zu bellen. Brav hob er an jeder Ecke sein Bein.

„Herr Fekt hat in der Dunkelheit einfach das Kostüm ausgezogen“, behauptete Oda, „und so getan, als wenn er Pinky überwältigt hätte.“

„Warum sollte er das tun?“ Fred rümpfte skeptisch die Nase. „Herr Fekt und Herr Siebzehnrübel sind doch Freunde. Ich meine, wenn Herr Siebzehnrübel Herrn Fekts komische Bilder ausstellt, muss er ihn doch mögen, oder etwa nicht?“

„Hm ...“ Nemo kratzte sich am Kopf. „Alles, was wir wissen, ist, dass jemand in den Spielwarenladen eingebrochen ist. Die Person hat sich als Pinky verkleidet, Herrn Siebzehnrübel niedergeschlagen und mitgenommen.“

„Genau!“ Oda schnaubte. „Und dann hat Pinky ihn bestens versorgt und nach ein paar Tagen wieder freigelassen. Denkt mal dran: Die Tür der Hütte war nicht verschlossen! Und Herr Siebzehnrübel hat sogar Sushi bekommen. Wenn das nicht *für* einen Freund oder eine Freundin spricht!“

„Zumindest hatte Pinky Püschel ein schlechtes Gewissen“, gab Nemo zu.

„Natürlich!“, rief Fred. „Es war eine Tat im Affekt! Nachdem Pinky Herrn Siebzehnrübel eins über die Rübe gegeben hat, ist er selbst über seine Tat erschrocken. Also hat er ihn mitgenommen und gesund gepflegt.“

„Hm …“ Nemo grübelte. „Ich dachte, der Einbrecher wollte Herrn Siebzehnrübel entführen, damit wir ihn nicht fragen können, wem Biep gehört. Wenn *das* nicht der Grund war, bleibt offen, warum er überhaupt eingebrochen ist.“ Er blieb vor dem Spielwarenladen stehen und band Biep an einem Eisenring fest.

„Ach du heiliger Bimbam!“ Fred wurde ganz bleich. „Ich weiß, warum! Der Dieb hat das

Spielzeug diesmal keinem Kind weggenommen, sondern direkt aus dem Laden geklaut! Denn dann gehört Biep niemandem und wir können ihn auch nicht zurückgeben. Die Schwerelosigkeit wird niemals enden!"

„Finden wir's raus!" Entschlossen drückte Nemo die Ladentür auf. Das goldene Glöckchen über dem Türrahmen bimmelte. Aber es war kaum zu hören, denn aus dem Ladeninneren drang laute Musik.

Ich kenne da ein Cowgirl,
das Cowgirl, das heißt Jill.
Und wenn das Cowgirl reitet,
erklingt ihr Stimmchen schrill:
Ya-hoo-daddel-doo …

Noahs Mutter spielte mit ihrer Countryband. Die vier Damen trugen allesamt Cowboyhüte, die sie unter dem Kinn festgebunden hatten. Die Stimmung war fröhlich und ausgelassen. Gut

gelaunt schwebten die Gäste zur Musik im Raum herum und stießen sich von den Wänden ab. Andere blieben lieber auf dem Boden und unterhielten sich. Viele trugen die neueste Erfindung von Herrn Kriegelstein: Skischuhe mit gusseisernen Bratpfannen unter den Sohlen.
Es gab Limonade und Wein aus Schnabeltassen und überall flogen Mini-Pizzen, Buletten und Muffins herum. Man musste nur zugreifen.
Nemos Eltern, die hinterher noch bei Odas Eltern zum Grillen eingeladen waren, schwebten ebenfalls durch den Raum. Frau Pinkowski hatte am Morgen noch einen Friseurtermin gehabt und trug nun eine gewagte Turmfrisur, die bei der geringen Schwerkraft mühelos hielt.
Auch Frau Ücke hatte sich extra schick gemacht. Die neuen Strähnchen standen ihr wunderbar und statt einer Kette trug sie ein hübsches Bügeleisen.
Die Kinder hielten nach Herrn Siebzehnrübel Ausschau. „Wo steckt er nur?“ Oda reckte ihren Hals.

Nemo duckte sich lieber, als er Marie und ihre Eltern in der Menge entdeckte. Nicht, dass ihn die kleine Göre noch sah!

„Dort drüben!“ Endlich fand Fred den Spielwarenhändler auf der Schwelle zum Hinterzimmer. Herr Siebzehnrübel stand mit dem Friseur zusammen, der sichtlich aufgebracht auf ihn einredete.

„Ich gehe jetzt zur Polizei!“, hörten die Kinder ihn sagen, als sie näher traten. „Dieser Hase muss dingfest gemacht werden!“ Wutentbrannt stürmte der Friseur an ihnen vorbei.

„Aber Peer!“ Eilig stellte Frau Ücke ihre Schnabeltasse ab und folgte ihm aus dem Laden.

„Was ist denn mit Herrn Fekt los?“, fragte Nemo den Spielwarenhändler.

Geknickt ließ Herr Siebzehnrübel den Kopf hängen. „Dieser Hase“, erklärte er. „Pinky, der mich im Laden überfallen hat, er hat das Hauptstück der Ausstellung geklaut!“

„Eines der hässlichen Aquarelle?“, rutschte es Oda heraus.

„Hässliche Aquarelle?“ Herr Siebzehnrübel sah sie verdutzt an.
Nemo versuchte, die Situation zu retten: „Na, eines von Herrn Fekts Bildern?“
„Ich stelle doch nicht Herrn Fekts Bilder aus“, sagte Herr Siebzehnrübel irritiert.
„Sondern?“, fragte Fred.
„Seine Spielzeug-Sammlung!“
„Seine Spielzeug-Sammlung?“, fragten die Kinder wie aus einem Mund.
„Aber ja!“ Herr Siebzehnrübel nickte. „Alte Roboter aus den 80er-Jahren.“
Der Spielwarenhändler nahm sie mit ins Hinterzimmer, wo sich einige der Gäste neugierig die Nasen an einer Vitrine platt drückten.
Nemo konnte nicht glauben, was er da sah.
Hinter dem Glas schwebte eine ganze Armee von Robotern! Die Blechspielzeuge schillerten in vielen metallischen Farbtönen: Weiß, Grün, Schwarz und Gold. Sie hatten Antennen auf dem Kopf, rote Visiere vor den Augen und futuristische Waffen in

der Hand. Ihre Brustkästen strotzten vor Knöpfen und Tasten.
Herr Siebzehnrübel erklärte: „Herr Fekt hat mit seinem Großvater in den 80er-Jahren sämtliche Bausätze der Firma *Pinclair & Sons* zusammengeschraubt. Über zwanzig Roboter! Das hier ist die einzig komplett erhaltene Sammlung weltweit …“
Er korrigierte sich selbst: „War …“ Seufzend deutete er auf ein kreisrundes Loch in der Vitrine. Dahinter gähnte ein leeres Fach. Nur ein herumfliegendes Täfelchen wies darauf hin, welche Figur dort einmal gestanden hatte.
„B-Pollo war der letzte gemeinsam gebaute Roboter der beiden“, sagte der Spielwarenhändler. „Kurz darauf ist Detlev verstorben.“
„Detlev?“, fragte Oda.
„Der Großvater“, erklärte Herr Siebzehnrübel. „Deshalb hängt Peer besonders an diesem Modell.“
„Peer?“ Oda stutzte. Plötzlich ging ihr ein Licht auf. „Ach, deshalb ruft Biep ständig ‚peeer-fekt‘!“

„Biep?“ Herr Siebzehnrübel sah sie forschend an.
„Ach nichts.“ Hastig zog Oda ihre Freunde nach draußen.
„Erinnert ihr euch?“, fragte sie, als sie wieder bei Biep vor dem Schaufenster standen. „Biep hat doch ständig ‚peeer-fekt‘ gerufen. In Herrn Siebzehnrübels Wohnung, als der Friseur um die Ecke kam. Und bei dir, Nemo, als du gesagt hast, dass wir herausfinden müssen, wem er gehört.“
„Wuff!“ Biep bellte zustimmend. Oda kniete sich zu ihm hin. „Du darfst jetzt wieder was sagen“, forderte sie ihn auf.
„Muss Bäuer-Chen?“ Fragend sah Biep sie an.
„Nein. Sag uns, wem du gehörst.“
„Peer Fekt!“
„Meine Fresse!“ Nemo starrte den Roboter-Hund verblüfft an. „Er ruft tatsächlich ‚Peer Fekt‘ und nicht ‚perfekt‘.“
Fred nickte erleichtert. „Biep hat also doch einen Besitzer. Und die Antwort lag die ganze Zeit direkt vor unserer Nase.“

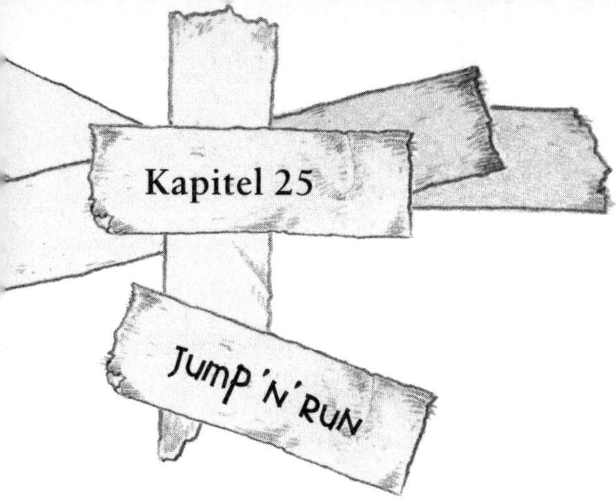

Fred war bester Dinge: „Wenn Herr Fekt Bieps Besitzer ist, dann *kann* er ihn gar nicht geklaut haben. Er wird sich ja wohl kaum selbst bestehlen."

„Sieht so aus", grummelte Oda, nicht besonders glücklich darüber, mit ihrer Theorie schon wieder falschgelegen zu haben.

Nemo band Biep vom Eisenring los. Er war fast noch besser gelaunt als Fred. Denn wenn der Friseur nicht der Dieb war, lief der Dieb noch unerkannt herum! Mit anderen Worten: Er konnte jederzeit wieder zuschlagen! Sicher würde er bald ein neues Spielzeug klauen und an den „Arsch der Welt“ schicken. Und ein neues Päckchen versprach ein neues Abenteuer.

Miauuuuuu!

Nemo griff nach seinem Handy. Doch noch bevor er sein Telefon aus der Tasche ziehen konnte, flog eine echte Katze an ihnen vorbei.

„Oje!“ Fred erschrak. „Höchste Zeit, dass wir aufbrechen! Sonst kommt noch jemand zu Schaden. Bringen wir Biep lieber zu Herrn Fekt, bevor es zu spät ist.“

„Aber wo ist er hin?“, fragte Oda.

„Er wollte nach Dickstein zur Polizei“, erinnerte Nemo.

„Hallo!“ Jemand rasselte an seinen Schneeketten. Marie stand vor ihm, in der Hand einen Muffin. Ihr ganzer Mund war mit Schokolade verschmiert.

„Oh, Mann!“ Nemo verdrehte die Augen. Nicht die schon wieder!

„Mama sagt, ich darf mit euch spielen.“

„So, sagt sie?“ Nemo lächelte gequält. „Wir haben jetzt aber keine Zeit.“ Er wandte sich zum Gehen und schleifte Biep hinter sich her.
„Warum?“ Marie klammerte sich an Nemos Schneeketten und ließ sich von ihm ein Stück mitziehen. Als sie am Friseurladen vorbeikamen, trafen sie auf Frau Ücke.
„Wisst ihr, wo Peer ist?“ Vergeblich klopfte die Postbotin an die verschlossene Tür. „Dauernd läuft er mir davon. Erst gestern Abend beim Picknick. Und jetzt schon wieder auf der Ausstellung.“ Sie guckte verunsichert. „Meint ihr, das liegt an mir?“
„Nein, nein, keine Sorge“, beeilte sich Oda zu sagen. „Er wollte zur Polizei, um einen Diebstahl zu melden.“
„Nach Dickstein?“
Fred nickte. „Wir sind auch auf dem Weg dorthin.“
„Das geht leider nicht!“, sagte Franz Ach, der in diesem Moment mit zwei Sack Katzenstreu

vorbeikam. Müde stellte er die Säcke auf seinen Füßen ab. „Ich hab eben den Zugverkehr einstellen lassen. Reisen ist einfach zu gefährlich geworden."

„Dann ist Herr Fekt gar nicht abgefahren?", fragten die Kinder hoffnungsvoll.

„Doch." Der Bürgermeister nickte. „Er hat den letzten Zug erwischt. Ich habe ihn gerade am Bahnhof getroffen."

Franz Ach nahm die Säcke wieder auf und verabschiedete sich. „Ich geh mal rüber zur Ausstellung. Drückt mir die Daumen. Viele Boringer sind gar nicht gut auf mich zu sprechen. Ich krieg das mit der Schwerkraft einfach nicht hin!"

„Das wird schon!", versprach Nemo und sah dem gebeutelten Bürgermeister hinterher. Er hatte den Eindruck, dass er als Briefträger glücklicher gewesen war.

„Scheibenkleister", fluchte Fred. „Wie kommen wir denn jetzt nach Dickstein?"

„Na, auf dem kürzesten Weg“, sagte Oda. „Durch den Boringer Forst.“
„Das dauert doch ewig!“, sagte Fred.
„Nicht, wenn wir hüpfen.“
„Wir können nicht hüpfen“, wandte Nemo ein. „Biep ist viel zu schwer. Und ihn hierlassen geht auch nicht. Wir brauchen ihn ja, damit er Herrn Fekt umarmt.“
Frau Ücke horchte auf. „Ihr wollt durch den Boringer Forst, damit Herr Fekt euren Hund umarmt?“ Sie dachte an die vielen Jump-'n'-Run-Spiele, die sie in einsamen Stunden hinter dem Postschalter gespielt hatte. Und an Peer. „Kann ich mitkommen?“
„Das ist eine gute Idee!“ Oda nickte eifrig. „Wir hüpfen alle zusammen! Gemeinsam haben wir genug Sprungkraft, um Bieps Gewicht auszugleichen.“
„Ja!“ Marie jubelte.
Nemo lächelte wenig begeistert, als er spürte, wie sich ihre klebrige Hand in seine schob.

Kapitel 26

Rettung in letzter Sekunde

Auch kurze Zeit später noch hielt Nemo Maries Hand umfasst, was ihn nicht mehr so störte, seit er mit der anderen Hand Odas Hand hielt. Oda wiederum hielt Biep fest, Biep Fred und Fred Frau Ücke. Sie alle hatten ihre Gewichte abgelegt und hüpften nun in einer langen Kette aus der Stadt.
„Roboterlein, Roboterlein, flieeeeeg!", riefen Oda und Fred.
Biep, dem sie den Flokati abgenommen hatten, damit er ein wenig windschnittiger war, juchzte elektronisch.
In großen Bogensprüngen hopsten sie über den

Fluss, überquerten die Äcker und verschwanden im Boringer Forst. Sie kreuzten den Trimm-dich-Pfad und machten kurz Pause auf einer Plattform des Kletterparks und in Dragas ehemaligem Nest. Je näher sie dem Nachbarsort kamen, umso kleiner wurden ihre Sprünge, denn die Schwerkraft in Dickstein war zunächst normal. Erst mit Bieps Ankunft begannen die Dinge auch dort, leichter zu werden.

„Hoppla!“, riefen die zwei Polizisten, als es ihnen die Dienstmützen vom Kopf wehte. Hastig fing der Lange sie wieder ein. Zusammen mit seinem Kollegen begleitete er Herrn Fekt zum Polizeiwagen. „Jetzt fahren wir Sie erst mal heim und dort schlafen Sie Ihren Rausch aus.“
„So glauben Sie mir doch“, rief der Friseur. „Ein riesiger Hase hat mir mein Lieblingsspielzeug geklaut! Sie müssen ihn dingfest machen!“
„Ja, ja, ein Hase.“ Der Lange lachte. „Sie verwechseln wohl Langohr mit Langfinger!“

„Ihr Lieblingsspielzeug?" Der Kleine gackerte wie ein Huhn. „Und was soll das sein?"

„Ein Roboter", rief Herr Fekt. „Er hat eine Schalttafel hinter dem Brustkorb und einen Waffenarm." Kaum hatte er das ausgesprochen, erklang ein seltsames Geräusch.

Piu-piu-piu!

Erschrocken versteckten sich die Polizisten hinter dem Dickstein und starrten auf den kleinen Roboter, der quietschend auf sie zukam.

„Da ist er ja!" Erfreut breitete der Friseur die Arme aus. „B-Pollo 81!"

„Peer Fekt!" Biep lief seinem Besitzer entgegen und schlang seine Schlaucharme um dessen Knie.

„Mein Lieber!" Frau Ücke wollte Biep folgen.

„Warten Sie!" Nemo hielt die Postbotin auf. „Halten Sie sich besser irgendwo fest." Eilig krabbelte er unter eine nahe Parkbank und sah sich nervös um. Er dachte an den Eissturm, den es beim Yeti gegeben hatte, an den Schleimwirbel in der Tropfsteinhöhle und die explodierenden

Glühlampen bei Vampiranjas Rückverwandlung. Er erinnerte sich an Dragas Feuerwerk über der Burg und Magics Blubberblasen. Was würde wohl diesmal passieren? Nemo lauschte.

Um sie herum breitete sich ein gespenstisches Rascheln aus. Laubblätter, Zeitungen und Taschentücher erhoben sich in die Luft. Ein Klirren und Rauschen folgte, als sich vor der Boutique die Kleider samt Bügeln von der Stange hoben. Wie große Vögel flatterten sie davon.

Im Vorgarten des Gasthofs begannen Stühle und Tische zu schweben, Skateboards, Roller und Fahrräder zischten wie Geschosse herum.

Überall quiekten erschrocken Menschen auf, weil sie vom Gehweg abhoben. Die Polizisten purzelten wie Fallschirmspringer umher. Frau Ücke hing an der Parkbank, als würde sie einen Handstand machen. Oda und Fred klammerten sich wie Affen an eine Straßenlaterne. Marie tanzte federleicht durch die Luft.

Schließlich hob sogar der Dickstein ab!

Bald schwebte er einen halben Meter über dem Boden und gab die Sicht auf einen Fleck Erde frei. Überraschte Kellerasseln und Ameisen krabbelten eilig davon.
Nur Herr Fekt, mit Biep an den Knien, blieb wie angewurzelt auf dem Boden stehen.
Da erfasste ein Luftwirbel Marie und wehte sie unter den Findling. Regungslos blieb sie dort liegen wie ein Käfer, der auf den Rücken gefallen war. Staunend betrachtete sie die Unterseite des tonnenschweren Steins.
Nemo blieb das Herz stehen. Er wusste: Jeden Moment konnte der Spuk vorbei sein! Dann würde der Dickstein wieder zurück nach unten knallen!
Ohne lange zu überlegen, rollte er unter der Bank hervor. Er stieß sich an ihr ab, machte ein paar Schwimmzüge in der Luft und schnappte sich einen fliegenden Kanaldeckel. Er setzte seine Füße darauf ab wie auf einem Skateboard, ging in die Knie und breitete die Arme aus.

N+A
ANNIKA
FRED WAR HIER
LOVE
WERDER BREMEN

Mit eingezogenem Kopf surfte er unter dem Dickstein hindurch. Er packte Marie am Kragen und schleifte sie hinter sich her.
Marie zeterte. Sie kreischte und keifte und strampelte mit den Beinen. Kurz darauf allerdings, als sie in Sicherheit war und die 228 Tonnen wieder nach unten sackten, war sie mucksmäuschenstill.

Kapitel 27

Status: Verbiebt

Nemos Eltern klingelten gerade bei Odas Eltern, als die Schwerkraft mit voller Wucht zurückkam. Augenblicklich fiel Frau Pinkowskis Turmfrisur in sich zusammen. Entsetzt versteckte sie ihren Kopf hinter dem mitgebrachten Blumenstrauß. Es war schon aufregend genug, die gut aussehenden Stars ihrer Lieblingsserie zu besuchen, aber es war unerträglich, wenn sie dabei aussah wie ein zusammengefallenes Soufflé.
Ihr Mann beruhigte sie: „Mach dir keine Sorgen, Schatz! Du siehst toll aus."
Sie öffneten das Gartentürchen und stapften

schwerfällig auf die Haustür zu. Nachdem er sich gerade noch federleicht gefühlt hatte, kam er sich auf einmal vor wie ein Dinosaurier. Nach Tagen der Schwerelosigkeit waren seine Knochen das Körpergewicht nicht mehr gewohnt und ächzten unter der neuen alten Last.
Odas Eltern ging es nicht anders. Frau Mandelbrot konnte den Blumenstrauß kaum halten, den Frau Pinkowski ihr in die Hand drückte. Und Herr Mandelbrot ging in die Knie, als ihm Herr Pinkowski zwei selbst gefangene Karpfen für den Grill in die Arme wuchtete.
Wenigstens den Champagner mussten sie nicht mehr aus Schnabeltassen trinken. Nach dem ersten Glas beschlossen sie, den Rest des Abends auf dem Boden zu verbringen und nur noch zu krabbeln. Das sah so lustig aus, dass sie sich bald kugelten vor Lachen.

Nemo fiel müde in die Sofapolster, erschöpft von ihrem Abenteuer und seinem eigenen Gewicht.

Zum Glück hatten die Polizisten sie nach Hause gebracht. Alleine hätte er keinen Schritt mehr geschafft!
„Was wollt ihr lieber?“, fragte Fred und schlug zwei Filme vor. „*Raumschiff der Roboter* oder *Space Rabbit III*?“
„Klingt beides gut.“ Oda breitete den Flokati auf dem Boden aus und strich die Fransen glatt. Der Teppich sah ein bisschen mitgenommen aus. Träge schleppte sie sich zum Sofa und kuschelte sich neben Nemo.
Nemo schluckte. Sein Puls schoss sofort in die Höhe. Ertappt sah er sich um. Aber zum Glück war niemand mehr da, der seine Gefühle analysieren konnte. Langsam entspannte er sich wieder.
„Okay, dann *Space Rabbit III.*“ Fred drückte auf Play und warf sich zwischen sie.
„He!“ Oda beschwerte sich. „*Ich* wollte neben Nemo sitzen.“
Überrascht sah Nemo sie an.

Fred grinste. „*Di-dü, di-dü*“, äffte er Biep nach und quäkte, bevor Nemo ihm eine Hand auf den Mund pressen konnte: „Status: Verbiebt.“

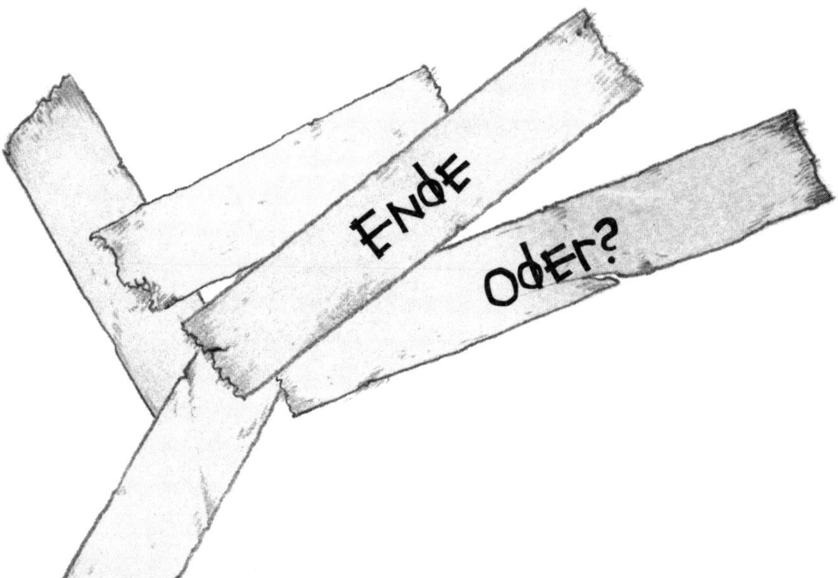
Ende
oder?

Einige Zeit später ...

Sekis Magen knurrte, als er zu Bett ging. Er hatte nur wenig zu Abend gegessen, weil sich seine Unterlippe noch immer ganz taub anfühlte. Der Zahnarzt, Dr. Löcherl, hatte ihm eine Spritze verpasst und gebohrt.
Seki seufzte. Er hatte seiner Mutter versprechen müssen, nie wieder eines dieser klebrigen Bonbons zu essen. Ein Versprechen, das er leider nicht halten konnte, denn ihm fehlte noch eine Figur. Ausgerechnet die Königin! Alle anderen hatte er freigelutscht.
Stolz blickte Seki zum Setzkasten, in dem die Sammelfiguren aufgereiht standen.
Müde schloss er die Augen.

Als er sie am nächsten Morgen wieder öffnete, erschrak er. Der Setzkasten war weg. Und mit ihm alle Maipupus!

Der Dieb lachte zufrieden. Sekis Schmerz war sein Schmerz. Schadenfreude und Selbstmitleid trieben ihm Tränen in die Augen. Schwarz tropften sie auf die bunten Figuren in der Kiste. Bald würden sie zum Leben erwachen und für ordentlich Chaos in der Stadt sorgen!
Gackernd warf der Dieb den Deckel zu und kritzelte die immer gleiche Adresse darauf:

AN NIEMAND!
WO DER PFEFFER WÄCHST
AM ARSCH DER WELT

Dies war der sechste Band von „Bitte nicht öffnen“.

Puh! Biep ist wieder zu Hause, die Schwerkraft ist zurück und in Boring steht alles wieder an seinem Platz. Wer der Spielzeugdieb ist, wissen Nemo und seine Freunde aber immer noch nicht.

Und siehe da: Schon kommt das nächste Päckchen an. Diesmal ist sogar Fred davon überzeugt, dass nichts Gefährliches drin ist. Schließlich steht dick und fett „Winzig!“ auf dem Deckel. Das muss ja ein ganz harmloses Spielzeug sein ... oder?

Lies auch das nächste Abenteuer:

BITTE NICHT ÖFFNEN

WINZIG!

Dieses Abenteuer erscheint im Sommer 2022.

Charlotte Habersack setzte sich mit sieben Jahren an die Schreibmaschine ihrer Mutter und fing an, ein Buch zu tippen. Seitdem hörte sie mit dem Schreiben nicht mehr auf. Heute verfasst sie vor allem Drehbücher und jede Menge wunderbarer Kinderbücher, zum Beispiel die verrückten Abenteuer von „Pippa Pepperkorn“. Über Päckchen freut sie sich immer. Egal, was drin ist.
www.charlotte-habersack.de

Fréderic Bertrand hat Illustration und Trickfilm in Bremen studiert. Heute lebt und zeichnet er in Berlin und lässt schnodderige Schneemonster, bissige Vampire und bleiche Skelette bei sich zur Untermiete wohnen.
In seinem Atelier steht schon seit Jahren ein Paket ohne Absender. „Bitte nicht öffnen!“ steht darauf. Und daran hält er sich auch.
www.meanwhile-at-the-laboratory.blogspot.de/

Leseprobe

aus „Bitte nicht öffnen
Winzig!“

„Wir haben einen, wir haben einen!“ Fred vollführte einen Freudentanz.

„Ich glaube nicht, dass einer reicht“, bemerkte Oda, während sie staunend den Winzling auf Nemos Handteller betrachtete. Allein vom Aussehen her hätte sie nicht sagen können, ob es sich um ein weibliches oder ein männliches Wesen handelte.

„Irgendwie kommst du mir bekannt vor“, murmelte Nemo und fragte: „Wie viele seid ihr denn?“

Der Winzling hob seine drei Finger.

„Fümpf.“

„Kann nicht sein! Da sind doch eben viel mehr aus der Kiste gekrabbelt.“

„Fümpf Familis“, erklärte der Winzling etwas genauer.

„Und wie viele leben in einer Familie?“, wollte Fred wissen.

„Öps." Der Winzling legte seine Stirn in Falten und starrte angestrengt auf seine wenigen Finger. „Dei?" Er klang etwas unsicher.
Oda seufzte. „So kommen wir nicht weiter. Wenn wir alle Figuren einfangen wollen, müssen wir wissen, wie viele es insgesamt gibt."
„Das lässt sich leicht herausfinden", meinte Nemo. „Wenn er uns verrät, wie er heißt."
Hicks! Der Winzling machte ein glucksendes Geräusch.
„Süß!", rief Oda gerührt. „Es hat einen Schluckauf."
„Nix." Der Winzling schüttelte den Kopf. „Meine Wichtigkeit namst Hix aus der Famili Knix, ein Maipu vom Volk der ..."
„Maipupus!", platzte Nemo heraus. „Ich wusste doch, dass ich ihn kenne."

Dieses Abenteuer erscheint im Sommer 2022.

Weitere Abenteuer in Vorbereitung.
„Bitte nicht öffnen“ gibt es überall im Buchhandel
und auf

Umschlag und Innenillustrationen: Fréderic Bertrand
Umschlaggrafik: Sabine Reddig
Lektorat: Anna Herberhold
Satz: Pinkuin Satz und Datentechnik, Berlin
Gestaltung und Herstellung: Constanze Hinz & Stefan Haupt
ISBN 978-3-551-65216-4